當
好總統
變成
壞總統

黃相旻 황상민

朴炳培——譯 林金賢——校訂

좋은 대통령이 나쁜 대통령 되다

目次

／引起紛亂的那個人就是英雄／名為「同質性」的強迫症／當政治無法攻頂時

結語　選舉是開始

推薦序

關於總統形象這一面政治心理的鏡子

◎葉浩（國立政治大學政治學系副教授）

去年暑假，筆者在本書譯者朴炳培先生和另一位同樣在國立政治大學政治系攻讀博士的朴成林先生兩人的協助之下，首次走訪了這一個鄰國並參訪了幾所大學。此行的目的是為了拜會多位研究東亞國際關係、民主化以及轉型正義等議題的學者，但兩位韓籍學生堅持，人既然到了首爾，不能不拜訪人稱「心理學界福爾摩斯」的本書作者一趟，因為他對韓國社會與政治有獨到的見解。那兩個小時的會面純粹是一個意外的驚喜。曾任教於延世大學心理系多年的黃相旻教授，以英文對答仍不減其睿智幽默，談笑風生之中的任何一秒都可能蹦出妙語和洞見。不懂韓文的筆者，請他略為介紹他的近作之後，對《當好總統變成壞總統》這一本政治心理學的書特別感興趣。在進一步追問了幾個問題之後，則立刻建議炳培承擔起翻譯的重責大任，而他也欣然答應，於是有了本書的出版。

關於選舉的研究，雖然佔據了國內政治學界大半的時間與精力，每次大選過後將有不計其數的民調數據分析和論文出現於大小學術研討會之中，但類似本書這種針對總統形象與選民心理的政治學研究，卻少之又少，「政治心理學」也不是一門可見於大學課程的學門或研究領域。這是筆者首要的推薦理由。本書讓我們理解到，無處不影響日常生活的政治，其實既形塑著人們在個人與集體層次的心理認知，也受到這些心理認知的左右。

事實上，政治心理學的起源等同西方政治學的起源本身。柏拉圖（Plato）對古希臘民主制度的分析，即聚焦於人類心理型態。據其理解，人的靈魂或說心靈結構乃由理性、激情和欲望所組成，且這三者所分別主導的心理將依序適合從事哲學思考、保家衛國以及勞動生產的工作。倘若社會能按此分工合作，人人適才適性適所，那社會不僅穩定，也有正義，而民主的問題正是出在那些不懂真理的多數人可投票決定國家大事。

隨後，奧古斯丁（Augustine）也提出了一套心理類型學來分析羅馬帝國的擴張與基督教理想的差別：前者是一種出於希冀透過攻城掠地來填補內心空虛的心態，既不可能成功，且會讓人終身成為欲望的奴隸，而後者則指向了一種以真愛為基礎的心理，不但無需以征戰、掠奪和搜集他人畏懼的眼神來掩飾自卑，甚至願意分享自己所有，隨時對需要的人伸出援手。

相較於此，尼采（Nietzsche）則主張基督教的道德觀其實肇因弱者在無能對抗強者底下，才發展出來一種以欺負自己來作為情緒出口的負罪感，也就是自我的良心譴責，同時並藉此來指責那些跟自己不一樣的人，宣稱他們有罪且終將會受到上帝的審判下去地獄。這種精神勝利法的本質，其實是自卑轉自大的心態，且藉由謙虛和自我譴責來掩飾這一切。反之，真正的強者才不會欺負弱小，因為他們看得起自己。

以上也是筆者在作者好奇問了哲學怎麼看待人類心理之後，所做的簡單回答。不過，關於過往政治心理的討論很快讓我發現，本書其實有別於源自上述幾個例子的政治心理類型學，因為焦點不是針對政客與選民的心態做出靜態分類，而是關注：（一）選民如何片面地理解政治人物甚至不自覺地將一己之欲望和想像投射到他們身上，（二）政治人物在試圖滿足大眾的想像抑或重塑自己的形象時的動態之上，以及（三）兩者之間的互動，特別是最終所造成的形象與現實之嚴重落差，讓選前的救世主在選後淪為無能、腐敗乃至專斷、獨裁的壞總統。

根據作者的觀察，人們在選前和選後經常只看政治人物的某一面，而非全部，也因此不僅會做出不正確的判斷，甚至連真正意義的判斷都稱不上。如此一來，政治人物既難以正確地回應或修正自己，選後持續「做自己」的人也幾乎難以避免地遭遇到評價上的徹底翻轉。另一方面，韓國的教育、普遍從眾心態乃至他稱為嚴重的奴性和同質化傾向，也是這種現象之根源。而真正的解決之道在於，人們必須學會知道自己真正想要什麼。真正知道自己想要的，才能明確地要求，才能就議題爭論是非，才能不仰賴本質上只會附和官話的媒體以及如應聲蟲般的學者專家，才能不單憑印象、形象和想像來選擇候選人。唯有如此，政治人物才會在選前必須把政策講清楚，選後也不會無所適從。

無論如何，政治人物的大眾形象其實是選民心理的一面鏡子。本書教我們如何從這一面鏡子來理解自己，從而選出符合我們想法的總統，也教政治人物如何從自己的大眾形象這一面鏡子來誠實端詳自己，並作出適當的回應。而書中分析的韓國及其威權時期的教育遺緒，當然也是臺灣的一面鏡子。筆者樂於將這一面鏡中鏡推薦給國內讀者。

導讀

當代的韓國政治情形

◎楊虔豪（韓半島新聞平台創辦人、駐韓獨立記者）

每隔一段時間，臺、韓兩國總為各種選舉而喧囂沸騰，從地方、國會到總統，選民得一次次判斷與抉擇。值得注意的是，兩國近來皆歷經選民的巨大反撲——先是南韓總統朴槿惠遭揭發放任親信崔順實干政，激起民憤，於二〇一七年遭彈劾下台；而一度橫掃臺灣政壇的高雄市長韓國瑜，角逐總統失利後，又成為史上首次被選民投票罷免市長的政治人物。

二〇一二年起，我採訪過南韓大大小小共六回選舉，每次也直接飛回臺灣投票，見過兩國不同陣營選民的激情。選前到選後幾天，隨政黨動員與媒體傳播效應，「造神」

現象會持續一段時間，而多數選民對支持的政黨或候選人，僅出於「溺愛」或單純覺得「投他會變好」，甚至是要「教訓另一方」，但實際政見與可行性、過往此人有何問題、各黨的議題立場、議員問政表現等，鮮少過問。

如此投票心理，造成一波波「選舉災難」——在南韓，李明博與朴槿惠兩位保守派總統，接連涉弊而遭收押；在臺灣，面對韓國瑜市長連串脫序言行，許多人的觀感已由「爽快」、「新鮮」轉為「疑惑」、「厭惡」，不少韓臺選民為當初的抉擇後悔，但臺灣在公投法門檻降低後，選民更有條件連署發動罷免，南韓則因選舉造成國家九年災殃——貪腐叢生、經濟失衡、司法干預、新聞自由倒退。

自進步派的金大中於一九九七年當選總統、讓南韓實現首次政黨輪替，並帶領國家走出受亞洲金融風暴衝擊、造成國家瀕臨破產的局面後，人權律師出身的盧武鉉，順利於二〇〇二年當選，延續進步派執政。不同於傳統年事已高、不苟言笑又高高在上的政治人物，盧的清新與親民形象，加上強調決策與施政透明、建立公正與人權社會、強化將國民意見納入政府運作，而獲極高聲望。

但當時，保守派在國會過半，加上進步派也因路線問題而內鬨，起初盧武鉉並未有強而有力的政治勢力奧援，導致他上任後受保守派連串非理性猛攻。儘管當時南韓已步入民主化逾十年、並經歷一輪政黨輪替，但獨裁時期的殘存勢力與價值觀，仍在各層面有極大影響力，包括檢調改革、廢除國家保安法與限縮財閥等，都遭承襲自獨裁政權的保守派強力阻撓，窒礙難行。

面對如此情況，盧武鉉呈現的姿態，是妥協與讓步，起初「悲情牌」或「挨打操作」，還能博取許多民眾同情。就任第二年，盧總統在記者會上脫口說出：「期待國民在國會選舉時，對『開放吾人黨』（執政黨；或譯「開放我們的黨」）給予壓倒支持」，結果保守派和進步派中的「反盧勢力」就指責這違反選舉中立，並以此作為理由，握著多數席次，成功發動彈劾，暫停盧武鉉權限，引發政權危機。

和台灣不同的是，南韓總統就任後，必須脫離政黨運作，所以盧總統發言確有問題，但反對派小題大作到訴諸彈劾，反倒讓民眾看清他們「為反對而反對」的面貌，而激起對盧武鉉的同情。結果，開放吾人黨在二〇〇四年國會選舉中，破天荒取得過半數，進步派史上首次「全面執政」，彈劾案最後也被憲法裁判所被否決，盧總統最後重新復權。

但或許受彈劾衝擊太大，也可能是「心地太好」，盧武鉉開始著手修補與保守派的關係，希望打造「共治」局面，讓國家走出政爭對立。此間，政府放緩改革步調，並決定延續新自由主義政策，宣布讓「權力轉移至市場」，減少政府干預、擴大非正職員工的適用範圍、推動韓美FTA，這讓原本許多進步派支持者產生失望和背叛感，認為盧總統政策走向，與保守派的主張，並無二致。

盧武鉉甚至向保守派的最大反對黨——大國家黨黨魁朴槿惠提案，只要大國家黨願意支持選制改革，將願意與其共組聯合政府，結果談判無果、胎死腹中。同期間，政府打房政策失敗，不動產暴漲；農民和勞工出面抗議政府向大國與財閥靠攏。而盧總統曾承諾，將努力讓每年經濟成長率達到七％以上，實際結果都在四至五％之間，也引來保守派指責政府根本不懂得如何「拚經濟」。

結果，保守派支持者未因盧示好而抱好感，進步派選民也指責執政黨明明在國會過半，總統卻顧著與保守派和解，錯失改革黃金時機。最後兩面不討好之下，執政黨在國會補選與地方選舉慘敗，盧武鉉成「跛腳鴨」。儘管任內官員無重大弊案，也致力改善人權並避免干預新聞自由，盧武鉉卻因無顯著經濟建樹和社會改革，而被批判「無能」，「什麼都是盧武鉉的錯」一時成眾人口頭禪。

到要總統大選的二〇〇七年，盧武鉉與南韓進步派，已無法挽回頹勢，此時保守派出現兩位政治明星競逐總統初選，一位是前面提過的前大國家黨黨魁——前軍事強人總統朴正熙的女兒朴槿惠，另一位則是曾任現代建設社長的首爾市長李明博。

朴正熙之於南韓，就如同若蔣經國之於台灣的存在，實行獨裁統治，鎮壓異己，卻帶領南韓經濟起飛，廣受老一輩懷念，也讓女兒得以順利取得民意基盤、踏入政界；李明博則從基層一路打拚到大企業老闆，並在市長任內以鐵腕方式，整治污染又髒亂的青溪川地帶，並改善嚴重的交通堵塞問題，成為揚名海內外的政績。

兩人除立場皆屬保守派外，共通處都與「經濟」有關，也正好說明人們在盧武鉉總統執政期間，經濟上並無顯著成果而不滿的當下，更渴望下個元首，能締造自己成功賺錢生活、讓國家重拾富強。

兩人初選時互不相讓，廝殺激烈。李明博公開質疑朴槿惠與秘密宗教「永生教主」崔太敏與其女兒崔順實有不尋常關係，並指出父女介入幾個公益基金會的運作和非法資金往來嫌疑，他表示：「朴候選人若執政，就會讓崔順實與其丈夫壟斷國政。」

而李明博當上首爾市長前，接收胞兄掛名成立的汽車零件公司「ＤＡＳ」的資金，和美國友人共同成立名為「ＢＢＫ」的投資顧問公司。ＢＢＫ迅速在銀行業與創投公司之間竄紅，許多投資客看到李明博擔任共同代表，紛紛轉進投資，讓ＢＢＫ關係企業股價瞬間暴漲。但這名友人卻捲款潛逃至美國，讓投資人血本無歸，李明博則全身而退，之後當選首爾市長，股價炒作疑雲，在大選初選時，浮上檯面。

當時朴槿惠就在初選辯論會上，公開質問李明博：「您本人唯一開展的事業以失敗收場，還發生股價炒作事件，您如何還能說自己有辦法拯救國家經濟呢？」但面對彼此提問，兩人都以「不符事實」、「無稽之談」為由帶過，並交相批評是在打負面選戰。當時，進步派疲弱，加上民眾對政推動經濟成長的殷切期盼，使得這些疑惑，未受太多關注與檢驗。

受限於朴從政後只擔任過國會議員，李明博同時有企業實務與政治成果，打著「CEO總統」形象，脫穎而出，贏得初選，當時他喊出「747」目標（經濟成長率每年成長七％、人均所得超過四萬美元、晉身世界七大經濟體），最後更以極大票差，擊敗進步派，實現南韓第二次政黨輪替，保守派也在不久後的國會選舉再次取得過半，完全執政。

李明博就任後，碰上美國次級房貸風暴造成全球金融海嘯，原被預言將步上冰島後塵的南韓，透過政府劃列「禁漲」商品清單、擴大財政支出，並積極防堵美元拋售，阻擋了危機發生；也因大興都更，住房供給上升，使房價趨於安定。政府嘉惠下，三星智能手機與現代汽車，持續在世界擴張，南韓於國際舞台耀眼出線，國內卻因分配不均與貧富差距深化、勞資對立四起，引發民怨。

此時，政府開始偏袒資方與財閥，不願出面協調勞資糾紛或許多社會正義問題，甚至出動優勢警力鎮壓示威；檢警直搗公共電視台，羈押新聞工作者，並將親政府人士安插至經營層，封殺與政府立場相左的揭弊報導或針貶意見。

二〇〇九年，盧武鉉因家人捲入受賄疑雲，並延燒到自己，儘管堅稱清白，但疲於接受調查，又難以面對名譽受損造成的影響，而跳崖輕生。盧武鉉死後，不少人目睹在保守派執政下，公平正義出現倒退現象，並開始懷念這位「笨蛋總統」的開明與善良。但青年世代對現況不滿、厭惡保守派，又看到在野陣營遲遲無法振作精神、強而有力地監督政府，還陷連串內鬥，而對政治轉趨冷感消極。

李明博任期結束前，朴槿惠順勢而上，成為保守派共主；進步派則推出盧武鉉的律師好友、曾擔任其青瓦台秘書室長的文在寅角逐大位。在年輕人投票意願低落，許多緬懷朴正熙經濟起飛、安定發展時期的中老年人，將憧憬投射至女兒身上，視朴槿惠為救世主，蜂擁出來投票，最後朴槿惠以些微差距，擊敗文在寅而當選新任總統。

朴槿惠當選時，台灣媒體與政治人物開始炒作「南韓選出女總統」，吹捧「女權進步」。親身觀察過她的我，頗不以為然，我當時在報上評論道：「朴槿惠在電視演說上不斷看稿，令人詬病，連造勢時，距我十步之遙的她，仍在讀稿，這必然是幕僚準備好的，否則她在政壇打滾超過十年，應可自然說出。朴槿惠連揮手致意動作，都由幕僚提醒才做出。不禁懷疑到底有多少自主能力。」

我更批判：「朴槿惠所有政治基礎與形象塑造，全靠父親朴正熙，『女性』成為隱密承載父親獨裁威權的包裝工具；朴槿惠面對政治，仍從屬父權餘孽，缺乏自主地位。當『女權』成為依附性質的包裝外皮時，必然是社會一大退步。」這篇文章，給當時認為朴當選就是女權上升與新時代來臨的臺灣人一記當頭棒喝，而我相信自己的現場觀察，絕對有其價值。

就任後，朴槿惠的特徵，是過分將重心擺在外交上，頻繁出訪海外各國，塑造出為國家安全與拓展邦誼奔走的形象，但對國內日益嚴重的社會問題，包括青年失業率高漲、校園霸凌、軍隊虐待、職場受薪不平等、勞資衝突，未見積極關心或提出解方。政府持續干預電視新聞，總統出國「拚外交」搶盡版面，面對國內抗議示威，卻只顧指責「左傾」、「暴力」，不見深刻檢討問題所在。

二〇一四年發生世越號船難，被政府控制的電視台發出「全員救出」的誤報，公部門的「狀況外」和青瓦臺的消極，使黃金救援時間錯失，讓船上乘客葬身海底，當中不少是參加畢業旅行的高中師生。事故後，政府不僅試圖掩蓋責任、阻撓真相調查，還放任執政黨和極右派人士言語侮辱罹難者家屬。接著，反政府集會開始頻繁出現，有示威者遭警方水柱擊中而死亡，政府卻不聞不問。

直到二〇一六年底，「親信干政」案遭揭發，朴槿惠將許多國家大事交由崔順實過目決定，並施壓財閥捐款給崔主導的基金會，崔的女兒也特權進入名門大學就讀、連期末發表沒參加，都能拿到學分。連串弊端激起民眾憤怒，年輕人也產生相對剝奪感，開始上街示威，規模創下史上最大，迫使國會和憲法裁判所通過彈劾朴下台，之後她則遭到收押。

隔年，李明博案件也重啟偵查，發現胞兄掛名成立並不斷投資與吸引熱錢進駐的「DAS」公司，其實際持有者，是李明博本人，他還被揭發將情治單位的特別費直接交給青瓦臺幕僚使用，最後同樣身陷囹圄。可笑的是，十三年前總統初選，兩人對彼此的弊端疑雲唇槍舌戰，之後雙雙證明有罪，崔順實干政案也反映出，我多年前在朴槿惠面前的現場觀察，相當精準。

朴槿惠彈劾後，總統大選被迫提前半年舉行，瞬時競爭者林立，保守派有意角逐者，包括前聯合國秘書長潘基文與曾任大國家黨黨魁的前慶尚南道知事洪準杓；進步派除文在寅捲土重來，聲勢最旺，此外，忠清南道知事（省長）安熙正與京畿道城南市長李在明，也都躍躍欲試。

《當好總統變成壞總統》這本書，就是在群雄爭霸、還未得出初選結論的階段完成。後彈劾時期，外界原看好文在寅和潘基文可出線。表達有意參選的潘基文，一度對文在寅造成威脅。

但官僚出身的他，試圖透過連串「親民形象」操作，博取好感，卻被發現連搭地鐵都不懂得如何付錢儲值，而去安養院參訪時，躺著的長者還未起身就予以餵食，差點讓當事人噎到；禽流感爆發時，又扮演防疫人員消毒，作勢要與連防護衣都沒穿的記者拍照，差點讓疫情現破洞，連串出包，遭批判「作秀」，聲勢下探後，潘基文只好放棄角逐。

最後，保守派由發言辛辣、作風強悍、又對進步派與工運勢力極不友善的洪準杓出馬。洪準杓在慶南知事任內，公開取消學校免費營養午餐，挑明對無限制社福政策的反對。他也「狂言」連連，曾當面對抗議他並發動絕食的道議員脫口說出「垃圾不是說絕食就成得了事的」、「狗再怎麼叫，我還是要上車的」，更表示自己當選總統後，要把電視台新聞節目給關掉。

洪準杓狠話盡出，卻甚為率真，好惡都毫不掩飾地表現出來，宛若「韓版川普」，他的言行讓保守派更往極端靠攏，相較下，代理總統黃教安，則顯得城府極深，許多議題不願明確表態，希望塑造自己公正中立的形象，背後卻與極右派密切接觸。由於彈劾後處於不利局面，進步派一直維持領先優勢，最後洪準杓仍不敵文在寅，南韓終結保守派的九年執政，出現第三次政黨輪替。

文在寅打出「清算積弊勢力」的口號，主張徹查過往權力型腐敗行為，但於此同時，他一直維持溫和且不主動攻擊的形象。相較洪準杓咄咄逼人，易讓人評價保守派並未謙卑反省，文在寅透過「以守為攻」，來最大化自己的聲勢，最後二度挑戰總統成功，而洪準杓和黃教安則先後成為保守派黨魁，聲勢卻始終拉不上來。

原先跟文在寅一參加總統初選的忠南知事安熙正，後因涉入性侵女秘書而遭收押，結束政治生命，城南市長李在明則利於二〇一八年當選京畿道知事，目前被視為角逐下屆大選的有力人物。

與文在寅同為律師出身的他，是南韓政壇奇人，當上城南市長後，他成功解決市政赤字，並一反保守派對福利政策的漠視，在確保財政自立後，在市內建立公共醫院、並推動支援孕婦產後休養與學生制服免費，更首創對屆滿二十四歲的市民，每人發放約新台幣一萬五千元的「青年分紅」。連串政策不僅未加重財政負擔，甚至讓許多死忠保守派市民覺得受照顧，願意給予力挺。

李在明於市長任內，積極經營臉書，直接回覆留言，甚至與網友論戰。面對朴槿惠政府砲轟他的福利政策是在浪費市民稅金的民粹政策，他卻反嗆：「貴黨在選前對國民濫開詐欺用的福祉公約，當選後卻不認帳，這才是民粹，貴黨不就是以甜蜜謊言來騙票的惡魔嗎？」種種對保守派與中央政府的回擊，讓許多人聽了像喝下汽水般痛快，李在明因此以「汽水發言」而聞名。

儘管政績突出、發言犀利又具群眾魅力，但李在明面對任何有心無心的質疑，都具攻擊性地予以應對，甚至曾在接受主播連線訪問途中，扯下耳機拒絕回覆，也讓人懷疑此番強勢作風，若真的坐上大位，能否真正接受輿論監督，會不會最後演變成封殺異己，都還有待觀察。

而新選出的文在寅總統，是否就代表南韓民眾做出理性抉擇？還是，是否選民只顧著「要給保守派教訓」，或在未充分對候選人的發言與政見檢驗與思辯下，覺得「文在寅是好人」，就決定投票給他呢？由於選票無法質化分析，我們難以得知，但南韓歷經連串「選舉災難」後，選民的確有必要思考該如何投票，並更積極地參與政治。畢竟，民主不是只有投票就了事。

曾被奉為救世主神話的「獨裁者女兒」朴槿惠和「CEO總統」李明博先後落難，讓許多將票投過他們的選民，感到懊悔羞愧。因為，兩人的弊端，十多年前就已被提出，卻未得到太多審視，進一步追蹤釐清。司法機關怠惰放水，媒體跟進追捧，民主時代的選民也得為自己抉擇時失去戒心、反而陷入瘋狂與跟進造神而反省負責。

「選舉災難」是有機會避免的，只要選民確立好自己「欲望」為何，擺脫對候選人的溺愛、不被「發大財」沖昏頭，好好檢視自己鍾意與反對的候選人間，各有何優缺點，政策有無落實可能性，並在做出抉擇後，用力監督、持續鞭策政府和國會。南韓如此，臺灣也同樣適用；不只是對國民黨，民進黨亦然。

給《當好總統變成壞總統》臺灣讀者的序文

◎黃相旻

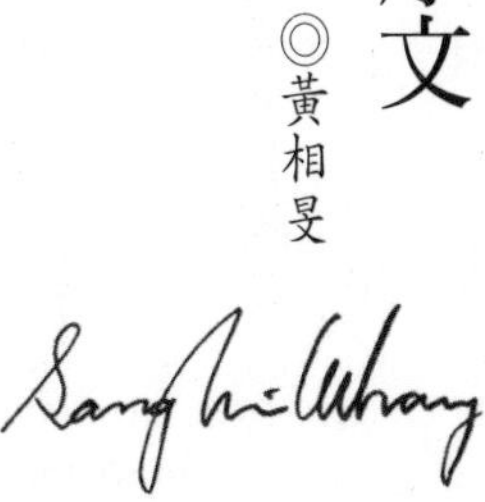

中國古典裡記載的「太平盛世」，意指「無論統治者做什麼事，老百姓都不需費心」的情況。這也可以意味著「即使公然罵總統當作下酒菜，也完全沒有問題」的時光。拿韓國的情況來說，應該就是盧武鉉總統時期了吧。那時，作為大韓民國的心理學者，我可以盡情地探索民眾在消費時以及體驗總統或主要政治人物時的心理狀態。

本書進行了政治心理分析，包括：總統選舉期間韓國民眾對政治領導人的心態是如何透過不同的有力候選人而體現、透過民眾的心理來預測誰將成為總統，以及預測當那個候選人成為總統時會扮演什麼樣的領導角色。雖然臺灣的政治情況或臺灣民眾對政治人物的關注，應與韓國有所不同，但這本書卻能被翻譯、被臺灣讀者閱讀，身為作者深感榮幸。

心理學者透過民眾的心理，尤其是民眾如何看待特定政治人物的心態，來預期未來的社會變化，這就如同預期天氣的變化的同時，側耳傾聽氣象預報準備出門旅行的感覺。因為心理學家描繪出民眾對政治領導人的心靈藍圖，可以明確瞭解民眾與這個世界的變化相關聯的欲望。就像是，即便收聽天氣預報，天氣雖然不會因此而產生變化，但是比起看著渺茫未知的未來而感到不安，對於可以預知的未來會更有安全感。

在為臺灣版撰寫序文的過程中，我才得知臺灣的「蔡英文」總統與韓國總統朴槿惠有著雷同的經歷，也就是在二〇一六年被選為首位女性總統。同時又得知，蔡英文總統雖然也有與朴槿惠總統類似的「選舉女王」之暱稱，但她現在卻得到民眾高度的支持，與朴槿惠的狀況大不相同。韓國總統在「燭光革命」這波民眾彈劾的浪潮中沒能守住自己的位置，臺灣總統蔡英文則在二〇二〇年一月舉行的總統選舉中，以史上最高得票再次當選。她們的差異在哪裡呢？

本書的研究始於二〇〇三年，其時我以心理學者的身份分析了民眾看待總統的心態，並發表於國際學會。那時總統是盧武鉉，現在他被當成韓國社會上最好的總統之一而受到人們尊敬，但在當時卻是這樣的情況：人們在夏天突然下起雷陣雨、並因沒有雨傘而驚慌失措的時候，謾罵譴責：「這全都是盧武鉉害的！」民眾對於本國現任的總統都會感到不滿，就連在那場國際學會中，我也體會到了民眾們很難對本國現任總統自豪的這種世界共通的心理。

大韓民國民眾總是滿懷期待將會出現優秀的國王來統治國家，並以這種心情選出「好的形象和期待」的總統。然而，就像定律法則一樣，在過去的三十年裡，這個國家的歷任總統們被民眾認為他們自由地享受屬於自己的權力鍊，卻沒有忠實地履行對國家的責任和自己的職責，盡皆墮落成了壞總統。最重要的代表人物，是在二〇一二年總統選舉中，以「準備好的女總統」為口號來吸票的朴槿惠總統。當時，有一位教授評價這位女總統候選人說：「她作為女性（gender）在韓國所經歷的的生活，實際上僅僅體現於生理性別（sex）中」。當時這位教授承受了民眾的巨大責難。在她當選總統後，這位心理學者持續分析朴總統所展現的角色，並在韓國具代表性的月刊《新東亞》雜誌上如此寫道：

「大韓民國國民把現在的朴槿惠總統視為『昏君』和『傀儡』。」

昏君意旨「昏庸的君主」。把扮演君主角色的總統稱為「昏庸」時，意味著此人沒有自主判斷的能力。在經過一年之後，大韓民國國民才得知誰在幕後實際控制她、左右國政。「傀儡」總統的形象最終成為她在總統位置上被國民彈劾的理由。當然，寫這篇文章的心理學者也被授予自己終身教授職位的大學所驅逐。

這說明了，即使在所謂民主國家的大韓民國裡，掌握民眾的心理仍然屬於天機不可洩漏的禁忌。而且如果發生了不同政治派別的爭鬥，僅是發表這些言論竟也難以守住大學正職教授的位置。其實，韓國民眾的政治心理與美國民眾的政治心理有相似之處。與第一任期的總統相比，美國總統在第二任期內經常受到民眾更多的辱罵和批評；這種政治心理也在總統單任制下展現出來，前任總統經常成為該死的傢伙，而對新總統的渴望也會重新湧現出來。因此，韓國前任總統會不停重蹈覆轍，像仍活著的廢王一樣，往往會被押送至監獄。但臺灣卻與對前任總統表現出典型政治心理的韓國不同，聽說在臺灣連任的總統比第一任更受尊敬。具有與韓國不同經驗的臺灣民眾，對領導人的期待心理很令人好奇。對於自己的政治領導人，臺灣民眾肯定也經歷過與韓國過往沒有太大差異的經驗。希望臺灣讀者透過這本書，以「我們也曾經這樣」的心態，從韓國的政治社會現象喚起自身「我們也曾經這樣」的感受，並產生與韓國人更相似的共鳴。

二〇二〇年九月十一日星期五

前言　政治是欲望的鬥爭

誰，將以什麼理由成為總統？

二〇一五年，我分析了總統朴槿惠的形象，得出以下結果。刊登在《新東亞》的這則報導內容，在政局變得紛亂之時再次受到了矚目。

「大韓民國國民把總統朴槿惠視為『昏君』。」

昏君，意指愚蠢的君主、無能的領導者。也就是說，當時人們便已體認到朴槿惠就是那個蠢笨的君主。形象分析並不會透露出一個人物原本所帶有的性質，反而是讓大家知道人們怎樣看待這個人物。然而，只要匯集人們眼中特定人物的形象，卻可以驚奇地發現那個人物在現實中追求著什麼、在危機或矛盾狀況下會做出什麼行動的線索。

昏君可以用「傀儡」來重新詮釋。「朴槿惠—崔順實門」[1]顯示，傀儡坐上了大韓民國頂端的這個分析，並非推測，而是現實。距今三年前人們算是已經正確地掌握了朴槿惠的真面目。

與傀儡相對的，就是有能力主導情況的改變、更像英雄一樣的人，那就是「野戰司令官」。野戰司令官是指駐紮在前線統率軍隊的將帥。也就是說，那不同於在後方制定戰略並指揮作戰的人，而是直接上戰場與敵人對戰的執行者。當我開始研究時，並沒有明顯看到具有野戰司令官形象的政治人物。

但隨著二〇一六年底爆出「朴槿惠—崔順實門」事件，野戰司令官是誰的答案漸漸浮出水面。其人就是李在明[2]。隨著人們談論次數增多、支持率升高，不知不覺間，他就成為了有力的總統候選人。然而，由於彈劾應歸功於韓國憲法裁判所，加上提前大選的可能性增大，李在明的支持率也因此突然下降了一半[3]。執政黨[4]依稀想要推潘基文為總統候選人，而在他回國時，李在明的支持率不但沒有上升，反而逐漸下降。

會發生這種事，很難用常說的「政治力學」或「戰略」的層次來解釋。因為支持率反映的是人的「心理」。

某人以總統候選人的身份登場，初期受到歡迎，但卻不知不覺地從人們的腦海中消失，或者原本沒有存在感的政治人物掀起旋風並當選總統，這些事情，都是根據「民眾如何看待那個人」來決定的。可以說，成為總統這件事，與該人物實際上是怎樣的人、人品是否優秀、公信力高不高、有無領導力等等並無關係。李在明之前的支持率變化也並非是他個人特質的改變，而是意味著人們看待他的方式發生了變化。

1 譯註：朴槿惠─崔順實門，即閨密干政醜聞、閨密門。二〇一六年底，時任韓國總統的朴槿惠的親信、閨中密友崔順實被揭露利用私人關係干涉政事，甚至藉勢向商界施壓、收受利潤。事件爆發後朴槿惠遭到國會彈劾，並於二〇一七年被罷免。

2 譯註：李在明（一九六四─），韓國政治人物。二〇一〇年至一八年間任城南市市長。二〇一七年「朴槿惠─崔順實門」爆發後，他曾強力批評當事人，使得支持度一度上升，但最終在共同民主黨黨內初選失利，未獲提名。

3 譯註：二〇一六年十二月，朴槿惠彈劾案通過，並由韓國憲法法庭舉行了四場聽證會後，原定任期二〇一八的朴槿惠提前在二〇一七年三月遭即刻罷免，大選也提前至二〇一七年五月九日舉行。

4 譯註：指「新世界黨」，後改為「自由韓國黨」。政治傾向為保守右翼。

選出之後又後悔的理由

一九八七年韓國總統直選開始後，共選出六位總統，在這個過程中，我們反覆地對自己的選擇感到失望和後悔。為什麼會這樣呢？難道是因為總統無能嗎？還是因為制度的限制？

在心理學上的「視錯覺（視覺欺騙）」也可以適用在政治的演繹上。記得有一幅畫，明明看上去是「花瓶」，但暫時閉上眼睛後，卻能看見「兩個人面對面的側面像」嗎？這幅畫是丹麥心理學家，愛德加‧魯賓（Edger Rubin）所發明的，並以他的名字命名，人稱「魯賓花瓶」（Rubin Vase）。「魯賓花瓶」是在說明每個人對同一事物有不同認知，且這些認知取決於主觀的解釋，因此並沒有所謂完全的真相；這也是表現人類不完美的「認知錯誤」時所使用的概念。「一幅畫卻可以看出不同的兩種樣貌」的這個事實，足以讓人們意識到：人類的認知是「不完全或不完美」的。

看待一名政治人物的心理，也會有「視錯覺」。任何政治人物都同時擁有「好形象」和「壞形象」。然而，我們無法同時看見兩種互不相同的樣貌，因為當我們想要一次同時看清兩個面向時，心裡就會產生很大的混亂。這正是我們看待一位特定政治領導

（魯賓花瓶）

人的方式。

所謂「對於選擇的後悔（決策後的心理失調）」，就是我們看見了不想看到，或者無法看見期望事物時所產生的情緒。在選出盧武鉉當總統的時候，我們對他那「有主見，有信念，讓人耳目一新的國會議員」形象狂熱不已。然而，在他成為總統後高呼「檢察獨立」、「打破權威主義」的口號、表明自己信念的同時，人們卻稱其「作為總統，德不配位」。

這本書不會講述「怎樣的候選人才算優秀」、「唯有選擇這樣的人才不會後悔！」，比起這些問題，「昨日的優秀總統，也會成為今日的無能總統」才是本書要面對的事實。

客觀地掌握「我們如何看待特定政治人物」以及這會帶來什麼樣的結果，就和「知道誰會成為總統」一樣重要。因為通過這種思考過程，可以從多個角度仔細觀察自己支持的候選人。另外，也可以重新思考我不支持的候選人的另一面。

欲望強烈的一方會獲勝

這本書裡寫著對現在具有盛名的總統候選人形象的分析結果。[5] 總統候選人的形象分析，並不是要尋找候選人是否具有人們願意相信或期待的特性。

相反地，本書不但想要告訴讀者「人們會以什麼樣的心態看待總統候選人」，還想說明「人們對總統候選人想要的是什麼」。這裡所謂的「想要」就是「欲望」。因此，總統候選人的形象分析這種工作，是要確認：人們向特定候選人投射什麼樣的欲望，以及特定候選人吸引了具有何種欲望的選民。

一言以蔽之，分析總統候選人形象的工作，就是為了瞭解投射於特定政治領導人的我和我們的欲望為何。

欲望的種類無所謂。這種分析的目的，並不是要追究欲望是對還是錯，而是要瞭解不同的人向總統候選人投射出什麼樣的心態。這與集中品評特定候選人的一般形象分析之觀點有所不同。

這不是把政治家偶像化或將其包裝得帥氣，而是正確地確認投射到那個人身上的我們的欲望。也就是瞭解以何種理由、何種欲望去支持或反對特定政治領導人的工作。

形象分析還能告訴人們：這位候選人今後將會如何行動。因為我們投射給特定候選人的欲望會逐漸改變他的行為。

結論是，大選候選人的形象分析，就是試著去預測誰會以何種理由成為總統；還有，這也可以說提早瞭解，當選的總統，在往後會受到何種評價。

當李明博執政時，支持在野黨[6]的人們如是說：

> 選舉是鬥爭，欲望強烈的一方就會獲勝。

---

5 譯註：「現在」指的是此書原文版出版的二〇一七年。

6 譯註：指「大統合民主新黨」。

「鄭東泳[7]實在是太弱了。」

雖然確實有人評價鄭東泳是個弱小的候選人，但這句話中還包含著這樣的真相：「經過金大中[8]和盧武鉉[9]政權，我們社會裡的民主好像已經紮根了。威權和獨裁的殘餘好像也清除了很多。難道因為李明博[10]當了總統，社會氛圍就會一下子逆轉回去嗎？社會已經如此發展，不可能輕易倒退吧，況且李明博看起來並不像死板的人，應該不會有什麼事吧。」

傾向於支持在野黨的人們如此安逸地判斷情況，並且，就在他們沒有明確地表現出自己的欲望而妥協之際，另一方傾向於保守派的欲望，反而重新燃起信念，想找回原先的既得利益。他們做好了覺悟，為了實現所希望的一切，無論是什麼都會去做。最終，在欲望戰場上獲勝的一方，就是「欲望很強的人們」。總統候選人的形象分析讓我們瞭解到大韓民國選民的欲望流向，並通過心理學方法展望政治的未來。回顧二〇一五年「人們把總統朴槿惠視為昏君」的分析剛好吻合兩年後的現在，這樣看來，「展望未來」並不是誇張的表述。因此，觀察這本書裡的總統候選人形象分析結果，也就佔有了掌握大韓民國動向的先機，短則三四個月，長則可能看見二三年後的未來。

7 譯註：鄭東泳（一九五三—），韓國政治人物。二〇〇七年曾代表大統合民主新黨參選總統選舉，但敗給李明博。

8 譯註：金大中（一九二四—二〇〇九），大韓民國第十五任總統（一九九八—二〇〇三）。原先是企業家，後棄商從政，曾長期因民主鬥爭而入獄，有「亞洲的曼德拉」之稱。一九九七年當選為第十五任總統，並於隔年上任，成功完成韓國現代史上朝野和平政黨輪替。

9 盧武鉉（一九四六—二〇〇九），大韓民國第十六任總統（二〇〇三—二〇〇八）。出身寒門，最高學歷為職業高中，故又有「平民總統」、「草根總統」之稱。其倡導清廉，卸任後卻因收賄嫌疑而遭調查，最後為保清白而跳懸崖自盡。

10 李明博（一九四一—），大韓民國第十七任總統（二〇〇八—二〇一三）。曾任現代集團執行長、國會議員。

第一章　我們要選的人：我們如何看待他們

會滿足我欲望的領導人

每當選舉的時候，總會有這樣的疑問出現。

「誰適合當總統？」

現在人們還在說：「選文在寅[1]是對的」、「只有李在明才適合」、「期待安熙

1　譯註：文在寅（一九五三—），大韓民國第十九任（現任）總統（二〇一七年五月十日—）。曾是學運領袖、人權律師，目前黨籍為左派的共同民主黨。本書之內容與出版（二〇一七年四月十日）皆在他當選前（同年五月九日選舉、十日確認當選）。

正[2]當總統」等言詞。這種時候，人們大概都是以人品優秀、做事能力得到驗證、風格新穎等個人特質作為依據。但是，個人特質突出並不意味會成為好的總統。就像在學校考試中獲得最高分數的學生並非一定會當好學生會長一樣，即使總統在資質方面得到最高分數，他也不一定會成為最好的總統。

隨著愈來愈多人質問總統候選人適合與否，也有許多人開始探問候選人中「誰最有力」。可是，當我們提到「誰是最有力的候選人」的瞬間，我們卻忘掉自己所希望的是什麼。因為，當人們意識到現實的侷限，也就是現在出來的人選中，不管是誰都必須選擇一個的時候，人們就隱藏了自己的欲望。也就是說，在從幾位候選人中選擇最佳人選的情況下，因為我們總是問「誰是最有力的候選人」，所以就產生了「我的欲望被忽視」的反常情況。

在這種情況下，比起明確地表達自己的欲望，我們通常更想找到「哪個候選人比較好」的正確答案。而另一方面，我們會暗自期待支持的候選人具備自己所期待的總統之特性，或是暗自希望他能有某種特質。在這種情況下，我們對候選人的判斷和決定，是以現實為基準或條件，再做出適當的妥協而建立起來的。因為我們認為這是最容易、最合理的方式。這種心理，就很像是我們在尋找理想伴侶時，會某種程度上妥協，與差不多剛好的某人結婚。

總統選舉是通過特定人物來凸顯大眾欲望的代表性活動。這次雖然程度特別嚴重，但過去對總統感到失望或感到絕望的情況也很多。每當這個時候，人們就會抱著「希望出現救世主」的心態對待總統選舉。換句話說，就是希望出現能徹底解決令人厭煩的問題的人。但是，人們並不想明確瞭解自己所遇到的問題的真相是什麼。只是希望救世主能幫我探個究竟，並解決所有的問題。

期待一個似乎比誰都更有為的人當上總統，並且希望他幫忙解決自己也不懂的國家問題，就像是期待給騙子錢就能把我變成富翁的心理一樣。在眾多問題中，只有瞭解自己最希望解決的問題是什麼，才能選擇出滿足自己欲望的領導人。

貴婦是怎樣成為傀儡的

我們已經體會到，每次選舉時，「驗證候選人的程序」和「當選者是否能扮演好總

---

2 譯註：安熙正（一九六五—），大韓民國政治人物。曾在二〇一七年韓國總統選舉時競逐黨內初選提名，然而失敗。

統的角色」這兩者並無任何關聯。過去，我們試圖相信朴槿惠是救國英雄。

「她父親曾是總統，如果他的女兒當上總統，她將會做得多好呀。」

人們把對朴正熙[3]的模糊的憧憬和神話原封不動地投射給了朴槿惠。人們覺得，如果把她送回她的「本家」青瓦臺，她就能拯救這個陷入亂世的國家。當時還有很多人認為，也只有她當上總統才會有辦法。二〇〇九年對李明博政府失望的大眾，大多是如下述般地看待當時仍是大國家黨籍[4]議員的朴槿惠。

二〇〇九年的大韓民國國民想將朴槿惠視為優秀的政治家、救世主。她就是國民可信賴、可依靠的人（見左表）。

當時人們把朴槿惠看成是如同以音樂劇《艾薇塔》主角而聞名的「伊娃・裴隆」般的人物，也就是阿根廷胡安・裴隆總統的夫人。艾薇塔即使到現在仍被推崇為「貧窮勞動者的聖女」，且作為「乾淨而位於高處施捨的人」，有著像社會福利師或教宗一樣的形象。

這個形象與其說是政治家或公務員，更能讓人連想到優雅的第一夫人或從事慈善事業的貴婦。這種特性與朴槿惠的母親陸英修女士的大眾形象完全一致。

二〇〇九年 朴槿惠的形象

- 冷靜地克制自己的情緒和表現。
- 對人有基本的禮儀。
- 徹底管理自己的生活、健康和形象。
- 在危機情況下不失沉著。
- 作為公眾人物的為人處世或生活乾淨明瞭。
- 即使與黨的立場不同，也根據自己的信念行事。
- 有堅守自己政治立場的信念和堅持。
- 給人可信、值得信賴的感覺。
- 即使在困難的情況下也能表現出餘裕和從容。
- 十分確信自己是正確的。

3 譯註：朴正熙（一九一七—一九七九），大韓民國第五至九任總統（一九六三—一九七九），是韓國憲政史上執政時間最長的總統，亦是第十八任總統朴槿惠的父親。他認為當時的韓國經濟落後，不適合西方民主，於是在位期間逐步走向獨裁專制，以追求經濟成長。於一九七九年被時任中央情報部部長的金載圭槍殺身亡。

4 譯註：大國家黨，在二〇一二年時更名為新世界黨，一七年又更名為自由韓國黨，是保守右派政黨，已於二〇二〇年二月十七日解散，並在解散後和其他在野黨合併為未來統合黨。同年九月起改名「國民力量」。

這時候的人們將朴槿惠認知成「這個國家的母親」或是「投入社會志工的貴婦」。大眾會認為朴槿惠是這種形象，媒體也起了一定的作用。當她參與總統選舉時，某綜合頻道曾用「就像開著一百盞螢光燈般的光暈」這句話吹捧她，這就足以證明媒體的作用。

得到這個形象的加持，她於二〇一二年當選總統。然而，在執政三年後的二〇一五年，她的形象卻轉變如下表：

二〇一五年 朴槿惠的形象

- 父母或自己都擁有有別於其他人、皇室般的經濟能力。
- 在溝通中只作原則性答覆。
- 有一種落後於時代，與二十一世紀不相符的感覺。
- 試圖把媒體或輿論轉變為有利於自己的方向。
- 在重大問題上，似乎依靠第三方的指示，而非自己作出判斷。
- 不直接表達自己的意思，而是通過親信來迂迴地表達自己的意思。
- 在人才任用上沒有特別的標準，馬馬虎虎。
- 對於敏感的問題，只能談論皮毛，且拐彎抹角。
- 沒有明確表現出自己風格的國政治理哲學或政策路線。
- 沒有幽默感，而且非常古板，讓人感覺沉悶。

曾是「貴婦」的形象一百八十度轉變成了「傀儡」。僅僅三年時間，就從優秀的政治家變身成稻草人一般的總統，這也算是一種奇蹟。

曾被大眾推崇為「英雄」的她，成為了總統，進入了自己度過成長期的青瓦臺。可是她卻似乎回到了小時候的童心，在青瓦臺裡面什麼都沒做，一直遊手好閒。

她偶爾出國旅遊的時候，我們就相信她是做了些什麼了不起的事情。每當她頂著疲勞到美國、中東、非洲及歐洲等地出訪時，我們就會想，這個國家一定會更好，我們也能過得更好。

在我們無法向她明確表達我們的欲望的時候，她卻以「為國家和國民」的名義，盡情滿足她自己從小就享受著的各種欲望。在這樣的情況下，很多人死去、生病，而有一些人則被不正當地趕出了自己的工作職務。

我們越來越慌張了。因為，別說她沒有滿足我們的欲望了，反倒還做了一些不負責任或荒唐的行為，使我們感到挫折。當我們問到「該怎麼做」時，她說應該招魂，又突然說要去中東。這讓我想起了兒時幼兒園老師的話：「為避免生病，一定要好好洗手。」

即便存在北韓核武發展的問題，兩韓雙方都認為開城工業區仍然可以持續營運，但最終朴槿惠卻還是關閉了關口。

以結果論，她沒有採取任何對應措施，只是安靜地待著，反而看起來像是在幫助國民的「無能」總統。不僅如此，還不斷發生超乎尋常、讓人憤怒的事情。最後，國民接收到非常多崔順實「秘線權勢」[5]的證據。那時我們才確信了。

「原來這段時間我們都被騙了！原來朴槿惠沒有我們所期待的驚人領袖特質或能力。遇到騙子了！」

這不是無中生有的心情，而是長久以來，說著「怎麼可能呢」，不去看也不願去相信的心情；而直到現在才改變想法，想去瞭解她的真面目。也就是說，人們面臨著在自己心中依稀存在的不安和恐懼。還有，不再否定自己曾經試圖拒絕或迴避的想法。這種心態和承認自己欲望的心態類似。

接受曾經拒絕或迴避的問題之後，我們下一步要問的問題就是這個：

「我們為什麼以為那個人是英雄呢？我們到底期待她解決什麼問題？滿足什麼欲望？」

然而，如果我們如此自問，將會陷入更大的心理混亂，所以才會想盡量避開。但是，如果我們不提出這種問題，每次選總統時，都會落入同樣的陷阱。也就是說，我們會繼續陷入「我所選出的那個人是拯救時代的英雄」的謬誤之中。

我們以為朴槿惠是拯救時代的英雄，所以選了她。但之後才知道，她甚至是個沒有比自己厲害的平凡人。當朴槿惠暴露那種面貌的瞬間，我們感到失望、後悔及憤怒。然後，彷彿早早就知道她的真面目一樣，喊出了正確答案。

「下臺！拘捕她！」

人們懷念「有人性卻無能的他」

後悔有兩種：一是「為什麼到現在才知道那個人很奇怪？」二是「怎麼不能早點認出那個人的真面目？」我們通過朴槿惠經歷了前者。此外，還有個人讓我想起了後者。

下表是分析二〇〇五年時執政第三年的總統盧武鉉之形象。當時，我們把盧武鉉當作是很有人性但無能的人物，還以為他是動不動就闖禍的「人很好的鄰居大叔」。另外，也有人批評他：「成為總統前後的樣子不同。」

5 譯註：檯面下的權勢，指崔順實在背後干預大韓民國國政。

1. 二〇〇五年 〇〇〇的形象

- 靠浮誇和吹噓來表達自信感。
- 試圖用「懸崖戰術」來解決問題。
- 無法預測將做出哪些提議或行動。
- 想把政治變成像在作秀般令人民享受的行為。
- 比起慎重地考慮結果，更傾向於先實行再說。
- 似乎無法抓準時機行動。
- 不顯露出鮮明的色彩，跟隨大勢風向。
- 在說話過程中，使用俚語來表達親近感。
- 當選總統前後的政治態度不同。
- 很少接納輔佐官的建議。

雖然我對二〇一七年盧武鉉的形象感到好奇，但很遺憾的是無法進行分析。對去世的人進行形象分析並不準確，也沒有意義，因為我們會將他看做如同在「偉人傳」中登場的特別人物。因此，十二年後的現在，人們如何看待盧武鉉，我們將留下問號。

2. 二〇一七年 〇〇〇的形象

• • • • • • •

然而，二〇一五年，盧武鉉登上某民意調查機構發表的「大韓民國國民最喜歡的總統第一名」，由此可以看出，我們看待盧武鉉的態度的確與以前不同。

被製造的英雄

包括總統在內的所有政治人士都不是非凡的英雄，而是像我們一樣的平凡的人。

「平凡的人變成非凡的英雄」並不是總統候選人在成為總統的過程中實現的，而是成為總統後，唯有通過時代性的要求和自己努力履行好職責（即時代使命），才有可能實現。當領導人接受大眾的欲望，將其視為自己的命運和事情時，就會出現我們所期待的英雄般的人物。李舜臣將軍[6]就能證明這件事。

李舜臣將軍毫無疑問地是個英雄，但即便在二〇一七年的現在，在韓國有人具備這種能力和人品，我們可能也根本看不出來。最重要的是，他絕對無法達成李舜臣將軍在歷史上留下的功績。即使李舜臣將軍建造了龜船、白衣從軍[7]，如果說倭寇沒有入侵的話，他也不會被載入歷史。甚至可能因為做了像造出百艘龜船這種無用處的事情而被判處死刑，或是被朝廷當成逆賊也說不定。

也有人說，李舜臣將軍最大的功績是事先掌握倭寇入侵情報並做好應對準備。但是，無論準備得多麼充分，如果不能把戰鬥引向勝利，也不能成為民族的英雄。他之所以是民族英雄，是因為他在如風前殘燭般的國家危機中很好地履行了自己的職責。

被譽為二十世紀最佳神話解說員的約瑟夫・坎伯（Joseph Campbell）教授，在《神話的力量》（*The Power of Myth*）和《千面英雄》（*The Hero with a Thousand Faces*）等著作中，充分說明了大眾在無意識下製造出英雄神話的心理。大部分英雄都是非正常地誕生，在成長期飽受苦難，歷經彷徨不安後，最終遇到貴人。然後，奇蹟般地獲得神一般的力量和能力，擊退怪物或解決難題後回到故國或故鄉。換句話說，在英雄神話中有誕生↓苦難↓彷徨↓修煉和解決困難↓歸返的公式。坎伯主張，即便活躍的背景舞台和事件不同，但人類群體所描繪的英雄神話幾乎採取一定的形式。

實際上，像佛祖、耶穌、阿波羅和童話故事裡王子一樣的所有英雄都遵循這個公式。具代表性的例子就是希臘羅馬神話中登場的海克力斯（Heracles）。作為眾神之王宙斯的兒子出生的他，在成長過程中多次度過生死關頭，還去找老師學習。經歷許許多多的冒險，並以此為根基，以英雄之姿重獲新生。這種英雄公式，也如實地反映在我們對總統候選人和總統的期待和希望裡。

我們不僅迷信般地認為「英雄是天生的」，還崇拜某些人物，或代入了獨裁者的神話。作為誰的女兒或兒子出生也是重要的神話因素。對朴槿惠的「盲目信任」就是根據

6 譯註：李舜臣（一五四五—一五九八），字汝諧，是朝鮮王朝時期的名將。十六世紀末日本的豐臣秀吉征伐朝鮮時，李舜臣帶兵抵抗，並數次以海上戰術擊退日本軍，並改進了龜船（十五至十八世紀間，朝鮮王朝的一種大型戰船），被視為民族英雄。

7 譯註：白衣從軍，指毫無職權地跟隨軍隊作戰。

這個英雄神話的架構而創造出來的。

將總統代入英雄神話的心理，以及對總統的期待和希望，是朴正熙獨裁時期教育傳播的結果。不，那是我們幾乎在無意識中學會的信任。當時朴正熙以英雄神話的框架來包裝自己和歷史人物。因為，只要把軍事政變包裝成革命，或把軍政府獨裁統治行為包裝成英雄神話，就能掩蓋自己做過的親日行為和私底下濫用無所不為的權力等事情。結果，即使在他遭遇悲慘的死亡之後[8]，仍成為了半人半神，但卻沒有人過問神一般的存在怎麼會那麼悲慘地死去。

在現實中，大眾對政治家的期待和希望就是出自這種英雄神話的框架。我們把「英雄誕生的途徑」當作基礎，去理解自己喜歡、追隨的政治家們的想法和行動。也就是將英雄神話代入特定政治人物的人生。看起來就是，我們並不打算真正去衡量特定政治人物的行為和想法。如果我們相信特定政治人物在重要位置上能夠發揮自己的作用，其政治人物的人生就會被「英雄框架」包裝。我們表面上說要看特定政治人物的資質和特性，但內心卻把自己想要滿足的欲望投射於英雄般的人物身上，期待自己的願望能夠被實現。這就是我們看待總統候選人的心理。

潘基文如何才能參選

從二〇一六年十二月開始，我著手分析當時躍上檯面的有力總統候選人，文在寅、潘基文[9]、李在明的形象。但在歷時兩個月的調查期間，潘基文竟然像風一樣消失了。很巧合的是，在完成對潘基文形象分析的當天，他宣佈不參加總統競選。如果在一兩個月前就完成這項研究，而且他事先知道這項研究的結果並積極接受，也許選舉形勢就會有所不同也不一定。

首先，潘基文已經放棄了參選，所以無需多言，但既然分析結果出來了，就試著再多管閒事一次：他怎樣才能帥氣地成功參選呢？還有，能否不只是成功參加大選，更以有力的總統候選人身分活躍呢？如果他在結束聯合國祕書長任期後沒有立即回國，會怎麼樣？如果連出馬競選的「出」字都說不出口，一副自己對韓國政治漠不關心的樣子，走訪其他國家拜訪各國知名人士，會怎麼樣呢？有事沒事地周遊各國，應該也會讓人們

8 譯註：朴正熙及夫人於一九七九年遭到開槍暗殺身亡。

9 譯註：潘基文（一九四四—），前韓國外交部長、第八任聯合國秘書長（二〇〇七—二〇一六）。

不禁聯想到他是「世界總統」吧。

如此這般，潘基文先周遊各國，等到朴槿惠被彈劾後、一切都上軌道時，再回國。在保持神祕的戰略維持一個多月，等所有人都在問：「哪裡有救世主啊？」的瞬間趁勢而上。如果遵循這一戰略，即使沒有在此黨彼黨間左右逢源、以無黨派身份參選，也有可能成為有力的總統候選人，甚至最終當選。等待英雄誕生的人們，可能會把他視為「神祇般的存在」，與大韓民國這個狹小圈子層次不同，而是在全世界的舞臺上寫下神話。

但是，本應在天上寫下神話的人，卻下凡模仿普通人，表現出選舉時普通政治人物的樣子，結果就是功虧一簣。他最大的敗筆，是在沒有正確把握自己整體性的情況下，甚至在不知道人們對他的形象有何期待的情況下，盲目地表現出「政治家潘基文」。在變身為政治家的過程中，他不僅沒有被看作是英雄，反而被視為毫不值得信任的初級政治家，完完整整地承襲了「一天一事故」、嬌生慣養且不懂人情世故的這種既有政治人物形象。

潘基文和黃教安是雙胞胎

有趣的是，分析完潘基文的形象後發現，他的形象就是黃教安[10]的形象。這是人們以前完全沒有意識到的新政治家，也是確認他成為總統候選人的瞬間。

潘基文宣布不參加競選後，大眾將自己的欲望和期待投射到了與他形象相似的人的身上。用一句話來概括，潘基文的形象就是「高層文官公務員」；而最適合這個形容的人物，就是黃教安。媒體開始把他視為保守勢力的希望。即便行代理總統職務的他，如果想要忠實地履行穩定政局的任務，就不適合成為總統候選人，但大眾已收回了對潘基文的期待和希望，並將其轉歸於黃教安。

大眾對黃教安的期望和希望，充分說明他是取代潘基文的有力政治家。那麼，大眾是怎樣看待潘基文的呢？潘基文的形象分析結果見下一頁的表。

這是典型的高層公務員，特別是文官出身的政治家形象。也算是這個國家裡高層公職人員的典型模樣吧：即便距離國民稍遠，但仍為了國民高傲地、好好地履行著自己的任務與角色。

大眾對潘基文形象的形容與所選擇的選項，即使全部拿來形容黃教安，也完全不奇怪。這意味著，在大眾的心裡，黃教安和潘基文幾乎是雙胞胎。所以，在潘基文宣布不

10 譯註：黃教安（一九五七—），韓國政治人物，曾任代理總統、未來統合黨黨魁等職。

參加競選之後，黃教安雖然沒有發表與參選有關的任何言論，但卻一躍成為執政黨的希望之星。這就是形象的力量，也是特定政治家在大眾心中紮根的方式。

政治家的支持率或他的行動方向，不是反映出他實際上是什麼人，而更多地是反映了大眾向他投射的欲望和期待。形象告訴我們那個人的具體行動。

二〇一七年 潘基文的形象：高層公務員

- 比起解決實際問題，他更願意表現出善於維持現狀和組織管理的文官態度。
- 不清楚他的明確政治理念和價值。
- 與迄今為止所承擔的職務相比，解決問題的成果或功績不明顯。
- 表現出典型的、迂腐的政治家形象。
- 主要經歷正統的官僚世界，因此可能不太瞭解普通國民的生活問題。
- 採取大眾所希望的話語和行動，盡可能對大眾表現出善良和好人的形象。
- 處於緊急狀態或尖銳矛盾的情況下，最大程度地避免表明自己的立場。
- 政治行動或思維方式落後於當代，因此讓人感覺與這個國家的未來不相符。
- 讓人感覺在表面上很輕柔地處理事情，但其實是在嚴密計算之下行動的。
- 在政策推動或決策方面，比起表現出自己的特色，更常順應大勢和輿論。

從黃教安與潘基文形象相似的事實來看，他在最後一刻做出與潘基文相似的行動，也是很容易可以類推的。他最終還是選擇了不參選。但此後，與他形象相似的某個人物，他的名字便出現在報導中。他就是李明博執政時期擔任國務總理的金滉植。即使潘基文、黃教安消失，甚至連金滉植也消失，對於高層公務員形象的期待也會持續存在。

人們之所以支持高層公務員，是因為「在高位的人應該有他之所以如此的理由」的這種心理。也就是說，當人們看待政治人物時，比起他（她）追求的價值和理念，更重視他（她）的位置和地位。

不僅像南景弼、元喜龍、以及金文洙等執政黨[11]在地方政府擔任首長的人物，在在野黨陣營中，站在類似位置的人物，也在某種程度上具有這種形象。關注安熙正的人們的心情就是如此，所以潘基文放棄參選時，安熙正的支持率反而上升了很多。

李在明：推翻者

我開始關注李在明是在二〇一六年九月。他在憲法裁判所前召開記者會時，一位大

11 譯註：指朴槿惠政府時期的執政黨，原名為新世界黨，二〇一七年二月更名為自由韓國黨。

嬸要求他：「黃絲帶[12]看了挺煩，把它從衣服上拿下！」當時李在明雖然有受到批判的空間，但還是勃然大怒說：

「如果伯母的子女死了，還會這樣嗎？像伯母這樣的人會破壞國家。人死了還說那種話？」

一般這種情況都會大事化小，但看到他如此當面爭執，我產生了這樣的想法。

「那個人真有脾氣。雖然他是政治家，但與之前我所看到的政治家有所不同。需要觀察一下。」

從那時起，李在明進入了我分析後朴槿惠時代總統候選人形象的人物雷達網中。到二〇一六年十月底，大韓民國陷入彈劾政局漩渦後，他迅速成為大眾英雄。同時，我非常好奇他會以怎樣的形象抓住大眾的心，又會遇到什麼樣的困難。因為我想知道，他若是最後能夠接近大權，是因為大眾怎樣看他才可能會發生的呢？

在彈劾政局中，大眾以怎樣的姿態看待他？那時大眾所希望的英雄形象是什麼？我能通過形象分析，確認大眾所熱切期待的領袖以及期待李在明會在這個社會為大眾做些什麼。不管支持他還是反對他，或是無論自認瞭解他或不瞭解他，大眾所認識到的李在明形象就是這樣：

二〇一七年李在明的形象：推翻者

- 對必須戰鬥的對象或敵人，表現出鬥士般的堅強和猛勁。
- 特定議題之前直抒己見。
- 不懼怕與自己不同立場或反對派的批評。
- 表現出改變傳統支配勢力（如媒體、財閥和官僚等既得利益者）的改革者面貌。
- 不管媒體攻擊或輿論如何，捍衛自己的信念和堅持。
- 為消除社會兩極分的問題和貧富差距而努力。
- 直接出現在社會衝突現場，積極解決問題。
- 讓社會成員抱有「透過他，未來會變得比現在更好」的期待。
- 明確提出要達到的目標，切實且系統性地推進。
- 可以制定明確體現自我風格的國政治理哲學和政策路線。

用一句話來概括，李在明就是「推翻者」、「變局者」的形象。在彈劾政局中，李

12 譯註：二〇一四年四月十六日，韓國發生嚴重的海難世越號沉沒事故，造成三百零四人死亡，其中包括大量出行的學生。此後，韓國人以黃絲帶象徵「等待離家的親人歸來」，表達對事件的惋惜及對逝世者的追憶。

在明會快速崛起，是因為大眾期待他能徹底改變政治局勢和這個國家的基本格局。

翻轉一切的意義在於以正義之名義處罰不義之人。此外，改變局面也意味著打破支配勢力，解決兩極化，打造乾淨明亮的世界。當今社會，由於既得利益集團的腐敗，兩極化加劇，所以大眾為了改變現狀，絕對希望能有善於戰鬥的將軍出現。有大眾相信這位將軍就是李在明，於是想要對他表現出絕對的忠誠和獻身精神。

大眾要求李在明：「把一切掃乾淨吧。把那些垃圾全部掃乾淨吧。」大眾愈是覺得這個社會的不正之風是無法忍受的，那麼支持李在明的心情就愈加強烈。甚至也沒有必要確切地知道積累了多少扭曲沉痾，因為大眾只期待他能夠代替我們實現「時代所要求的事情」。李在明的粉絲俱樂部名為「手指革命軍」，充分反映了這種心態。他們相信，自己與李在明在改變時代和社會的期待、希望，以及想法上都心連心。當問起他們為了什麼而改變，也就是說當問他們追求什麼價值時，他們都滿懷信心地回答：追求「公正」。

李在明的敵人是誰

大眾把李在明視為「推翻者」、「善戰的將軍」，那麼他要打的是誰？在彈劾政局中，從邊防將領急速轉變為總統候選人的李在明，他所要與之戰鬥的敵人，可以從大眾反應認為「李在明不是這樣」的結果中得到確認。無論支持還是反對，大眾認為李在明的敵人都具有以下特點。

李在明不是這樣

- 在重大事件中，並非自己做判斷，而是依賴內線組織或某個人的指示。
- 表現出典型的、迂腐的政治家形象。
- 沒有權力意志，看起來不像政治家。
- 有與眾不同的、皇室般的家庭背景或經濟能力等，並以此為重大政治資產。
- 對於敏感的問題，只蜻蜓點水，且一直兜圈子。
- 政治行動或思維方式落後當代，因此讓人感覺與這個國家的未來不相符。
- 不直接表達自己的意思，而通過親信來迂迴地表達自己的意思。
- 在處於緊急狀態或尖銳矛盾的情況下，最大程度地避免表明自己的立場。
- 有時以令人鬱悶的慎重態度進行應對。
- 追求的政治理念和價值不明確。

這是媒體提到「朴槿惠—崔順實門」後，大眾明確認知到的朴槿惠形象。特別是，朴槿惠被國會彈劾後，大眾對這些特點有了比較明顯的認識。當然，這種特性並不僅僅適用於朴槿惠，大眾認為執政黨，也就是原名新世界黨的自由韓國黨，其中的有力政治家和總統候選人也具有這樣的特點。換句話說，大眾就是用這個形象在看待潘基文、劉承旼、金武星、南景弼等執政黨的大選潛在候選人。因此，作為他們的對手，李在明存在的理由更加明顯。

然而，如果執政黨的總統候選人形象不明確，只有在野黨的總統候選人突出的話，李在明作為大選潛在候選人的存在理由就會變得不明確，因為他應該打敗的敵人是「朴槿惠及其同黨」。這就是朴槿惠被國會彈劾後，隨著其他總統候選人的出現，他的支持度出現波動的原因。

如果李在明事先知道大眾對自己形象的看法會有什麼變化，支持率會改變嗎？這種可能性總是存在的。當然，這種可能性只有在他正確理解自己的形象之後才會出現。

政治家必須尋找自己要完成的時代使命和角色。李在明應該和什麼樣的人一起尋找自己的時代使命呢？當他向參與燭光集會[13]的大眾高喊「朴槿惠立即下台」、「處罰朴槿惠」時，就沒有必要特別尋找自己的使命和作用。因為若有明確的「敵人」，就只要痛快地解開大眾鬱悶的心情就可以了。

但朴槿惠遭國會彈劾後，李在明的敵人失去了力量。如果執政黨總統候選人沒有明顯崛起，那麼，要對戰的敵人變得不清不楚的情況下，邊防將領的形象就會遠離大眾的關注。如果更詳細地探索李在明的形象，就能充分說明他應該承擔的時代使命和角色在某種脈絡中如何體現。

如果有像潘基文一樣的高層公務員出身的執政黨候選人，李在明很容易找到自己的存在理由。但到目前為止，執政黨的潛在候選人還沒有出現，只有同一陣營的在野黨潛在候選人們努力表現出各自的存在感。此時，李在明存在的理由，應該從「大眾怎樣看待自己」中尋找。也就是說，他需要形象擴張戰略。

邊防將領如何進一步進化？截至目前，李在明一直扮演著如張飛般的角色進行戰鬥，從現在起，差不多該開始變身成曹操了。李在明所擴張的形象會根據是否支持他或對他有沒有興趣，而細分為救國英雄、有信念的獨斷專行者、聰明的機會主義者。

13 譯註：二〇一六年「朴槿惠—崔順實門」爆發後，韓國民眾便自該年十月二十九日後的每個周六，都在光化門前舉行倒朴示威的燭光集會。

李在明的形象關係圖

	欲望的革命家		
李在明就是這樣	救國英雄	有信念的獨斷專行者	聰明的機會主義者
	為了救國而像鐵人一樣履行自己的任務的人	可能做出根本性改變，但會是個固執己見的領導者	追求自己的利益，但可以帶來正面變化的人物
李在明不是這樣	追求自己利益，將國家導向滅亡的國家領導人	比起能力或是功績，更傾向於任命式的升遷	主張顯而易見的制度及正解就可以無條件解決事情的領導者
	流氓君臣（朴槿惠及叛逆者）	高層官僚政治家（潘基文、黃教安）	無頭腦的基本教義派
	追隨大勢的現實主義者		

所謂的「救國英雄」，是指為了救國，而像超人一樣實現大眾欲望的人。其代表性人物就是李舜臣將軍。「有信念的獨斷專行者」正是將軍的形象，其為了改變這個社會的格局而戰鬥，卻會蠻不講理地固執己見。而「聰明的機會主義者」則是為自己的利益而改變社會的政治家形象。

像這樣，這個社會的「變局者」，隨著大眾以何種心態看待，也會被認為是完全不同的人。李在明所取得的成果，隨著他追求什麼形象而改變。你對他投射出怎樣的欲望？

根據這個回答，我們將會接收到以上三個形象的任一個。你聯想到的總統候選人形象就是你對他的心態。

李在明進退兩難的困境，如何確保名分

李在明自稱為邊防將領。在從邊防將領變成為變局者當中，最成功的代表人物就是李成桂[14]。李成桂推翻高麗（九一八—一三九二），建立了朝鮮（一三九二—一九一

14 譯註：李成桂（一三三五—一四〇八），朝鮮太祖。即位後更名李旦。朝鮮王朝的開國之君。一三八八年，

〇），真正開創了新的局面。他翻轉局面的契機是「威化島回軍」。如果他在威化島不回軍，而是按照崔瑩[15]將軍的命令征伐遼東，那麼歷史將完全不同。

高麗的最高將軍崔瑩是核心武臣，也是權力的中樞。國王和百姓對他的信任是無法與李成桂相提並論的。當時曾將高麗作為屬國的元帝國開始走向敗亡。崔瑩將軍想趁這個機會，進攻崛起中的明朝，收復遼東土地。因為當時明帝國還沒到能顧及遼東的情況，高麗征服遼東是極「可能」的歷史想象。

然而，沒有征伐遼東想法的李成桂認為，這是沒有名分和實利的戰爭，之後便以梅雨和瘟疫等當作藉口，違背命令而回軍。一直喊著進軍的崔瑩，為了討伐抗命逆賊李成桂，親自帶領軍隊，卻遭到肅清。此後，李成桂與鄭道傳[16]一起推翻高麗，建立了朝鮮。

原只不過是邊防將領的李成桂，在建立朝鮮的過程中，最重要的就是確保自己的存在理由，即確保其正當性。百姓對只致力於佛事的高麗王朝感到幻滅，故反感高漲，在那個時期，李成桂提出了儒家的「民本」思想。也就是這時，所謂的士林勢力登場了。但是主導朝鮮建國的士林勢力並不是當時的主流，而是以鄭道傳為中心的非主流勢力。也就是說，邊防將領李成桂和非主流士林勢力的思想，引導了易姓革命走向之成功。

在彈劾政局中，李在明代表了想要改變國家大局的大眾欲望，而成為革命家，但卻無法發揮後勁，其理由，我們可以從以下的歷史事實中找到。威化島回軍給李成桂提供了動員軍事力量去改變權力消長的理由和掌握權力的正當性。避開沒有名分和沒有勝算的戰爭，防止將兵犧牲的同時，他獲得了機會，去清除掌握中央權力的勢力。可以說得到了去向做出不合理決策者問責的正當性。經過這一過程，李成桂處死支撐高麗的崔瑩和鄭夢周[17]，奠定了改朝換代的基礎。此時，後來成為朝鮮太宗的他的兒子，李芳遠[18]則扮演了優雅地實現父親李成桂欲望的角色。也正是他為了不讓朝鮮太祖李成桂的手上沾染鮮血，在孝心的名義下做好了勤勤勉勉、努力戰鬥的改革家角色。

邊防將領李在明會提出怎麼樣的正當性，又代表了什麼勢力呢？大眾狂熱於他主張要推翻朴槿惠及其走狗建構的格局。但是，我並不能清楚地知道他將會開創怎麼樣的新

高麗禑王命李成桂出兵向北擴張，遠征遼東，然李成桂抗命，並在威化島發動與崔瑩激戰，後勝利。

15 譯註：崔瑩（一三一六—一三八八），亦有寫作崔榮，高麗末期名將。

16 譯註：鄭道傳（一三四二—一三九八），高麗王朝末、朝鮮王朝初期的文臣、政治家。

17 譯註：鄭夢周（一三三七—一三九二），高麗王朝末期的文臣、政治家、文學家。高麗王朝最後的門下侍中，被譽為韓國理學中興之祖。

18 譯註：李芳遠（一三六七—一四二二），朝鮮太宗，即朝鮮王朝的第三任國王。後文所提到的事情，是指一三九二年，鄭夢周與人密謀除掉李成桂，李芳遠遂派人刺殺鄭夢周，並抄家，梟首於市。

局面，又會與什麼勢力聯手進行革命。把李在明比喻成李成桂，是因為李在明應該明確表示，自己要和何種士林勢力聯手，要提出什麼樣的新理念。

「以名分和正當性為由加以掃蕩。」

這是李在明致命的兩難。也許李在明應該像李芳遠那樣採取特別措施。李在明在宣布參加總統大選時，把自己定義為工人出身的首位總統候選人，並且主張應該收押朴槿惠和三星集團副會長李在鎔。但我們無法知道，李在明的這一信息是否能夠喚起將他視為「改變局面之革命家」的人們充分的期待和欲望。

其變化是為誰而變

從改變政局之革命家形象來看，比起朝鮮太祖李成桂，李在明更接近朝鮮太宗或朝鮮世祖。別的不說，李成桂就是想和像鄭道傳一樣的人物，一起尋找何為自身的時代使命。即便在推翻高麗的過程中，他不僅煩惱了很多，成為國王後也想傾聽大臣們的諫言。

相反地，朝鮮太宗李芳遠很清楚自己的欲望是什麼，而且會為了實現自己的欲望，掃清所有的絆腳石。經歷兄弟之間權力鬥爭之後登基為朝鮮太宗的李芳遠，展現了具體呈現自我欲望的典型形象。但是，他把自己的欲望包裝成了高麗滅亡和朝鮮建國等亂世時所必要的事情，而不是個人的貪欲。後來，歷史學家們肯定太宗廢長立幼、立三子世宗為王是太宗一生最大的功績，也解釋了當時太宗這麼做其實是順應了時代的需要而為。

李在明若是想要把自己的欲望轉化為時代使命，不，應該說，若想要凸顯「自己的整體性就是大眾心聲」的話，必須怎麼做？支持李在明的人們期待，他能做出覺悟，為了實現正義的社會而挨罵受辱，並替人們剷除腐敗勢力和既得利益階層，甚至不太介意其做法是強迫性的還是非法的。總之就是希望他即使自己蒙受了冤枉，也能像朝鮮太宗一樣替大家徹底整頓一切。

朝鮮太宗和朝鮮世祖有個共通點：他們都在混亂不安的時期，用權力明確地宣傳自己的存在，達成了「穩定」的時代使命。一般評價認為，朝鮮太宗棄長立幼、以朝鮮世宗為子，這比起他自己的功績還要大，而世祖則建立強大王權，奠定了朝鮮王朝延續數百年的基業。他們都以徹底肅清既得利益階層為基礎，很好地履行了自己的角色。

在彈劾政局下，從明顯崛起的李在明形象中，人們可以聯想到朴正熙的領袖風範與盧武鉉的果斷和改革面貌。總而言之，這是一種似乎能有所作為、能取得實際成果的形象。愈是瞭解朴槿惠和她的附隨者在過去四年裡把國家搞得一塌糊塗，人們就愈希望有人能夠實現把他們「一掃而光」的時代使命。也就是說，產生了應該由像李在明這樣的政治領導人出面的迫切感。

但是，隨著事件特別偵察組（特偵組）和憲法裁判所的裁決，在一定程度上消解了這種迫切感，大眾的心倒向新總統候選人的現象也會發生。這削弱了大眾所相信的「專屬於李在明的正當性」和「李在明的時代使命」。為應對此，李在明提出了自己是勞動者出身的總統候選人。但是，當我們要做好英雄的任務時，勞動者李在明的形象就沒那麼需要。對大韓民國國民來說，總統說自己是勞動者出身的，並沒有什麼意義。這和正義黨這個被認為是勞動者和農民的政黨其支持率不超過十%的理由相似。

以勞動人權律師開始政治生涯的盧武鉉，就是揭開李在明真面目的很好的例子。大眾相信，盧武鉉是在試圖實現「人生活的世界」之時代使命，而不是自己的野心。人們相信李在明是救國英雄，但英雄的任務還不明確。也就是說，他想要創造什麼樣的世界還不明確。

一個政治家不明確表達要為哪種時代使命而工作的時候，人們很可能認為這位政治家只有想成為總統的野心。「有信念的獨斷專行者」和「聰明的機會主義者」是時代英雄的個人欲望凸顯時自然而然展現的形象。

現在，李在明為了讓自己的整體性變明確，而提出「公正社會」。意思是說，因為這個社會不公正，所以要把它變得公正。那麼公正是誰的標準？這個社會之所以不公正，是因為只對掌權者或有權勢的人公平。而當說出要獲得其他權力、打破既得利益時，自己存在理由的正當性和名分是絕對必要的。大眾心裡對李在明是有顧慮的：這位清算腐敗既得利益集團的野戰司令官，一旦當上總統後，會不會也獨斷專行？這是人們對李在明最大的心理抵抗感。也就是說，大眾對他同時抱有期待和懷疑。期待感是改變現有秩序的信心，懷疑感則是「其變化到底是為誰而變？」的心理。

事實上，李芳遠是一個只要正當性充分，即使捱罵也會推進工作的人。當然，在歷史性時刻，如何界定自己整體性的問題，本人很難解決。但凡想抓住大眾的心，成為救國英雄的人物，至少得要認清時代性的使命和角色才行。

給李在明的戰略：緩和衝擊的安全板

李在明的時代使命，是擁有自己的正當性，以打破既得利益勢力之姿躍升。為此，首先必須要成為在野黨「共同民主黨」（以下簡稱民主黨）的總統候選人。在目前的情況下，這是非常困難的事情。因為，如果李在明與民主黨的其他政治人鬥爭，就很難刻畫出野戰司令官的形象。換句話說，很難吸引積極支持民主黨的大眾。特別是，在文在寅已全國聞名的情況下，如果與他競爭，就很容易被認為是在危機狀況下引發內訌的邊防將領。究其原因，影響最大的是因為李在明所要鬥爭的敵人被明確定為以朴槿惠為中心的執政黨政治家。

如果想讓李在明「改變局面之革命家」形象在民主黨競選中發揮力量，大眾應該要先有「文在寅不行」的想法。要明確讓人認知到：文在寅不僅不能清除既得利益集團和腐敗，而且連讓政權交替也岌岌可危。在這種情況下，李在明應該要怎麼做？

再回到高麗看看李芳遠吧。李芳遠為了推翻高麗的腐敗勢力做了各種準備。最重要的是，為了清算過去、建立新的國家，籠絡或說服高麗的忠臣們。但如果沒成功，李芳遠就會殺了對方，其代表性人物就是鄭夢周。鄭夢周沒有協助李芳遠，而選擇了死亡之路，以高麗忠臣之姿留名。

李芳遠雖然殺死了鄭夢周，消除了朝鮮建國的最大絆腳石，但父親李成桂幾乎不把他當成人。也許他當時還被責難為「雖然有能力，卻不具備成為王的人格或人品的子孫」。又可能他還會聽到「即使表面上為了大業辦好公事，其實不過是為了滿足自己的欲望」的評價呢。一言以蔽之，就是「欲望的革命家」。

大眾希望「欲望的革命家」李在明成為總統的心態就是這樣。

「無論相信這個，還是相信那個，到最後被政治人物騙去的就是總統選舉啊。我們只希望乾脆哪個誰能夠來痛痛快快地把一切改變，就算蠻橫無理，只要能把惡人一夥全部清除乾淨不就好了嗎？」

當然是這樣。但是，如果情況稍微穩定下來，大眾就會自己尋找合理化的根據和線索，以使急劇變化成為絕對必要的理由。雖然大眾希望發生衝擊性的變化，但同時也有另一種心聲，想要有緩解這種變化的安全閥。

在這種情況下，李在明勇猛善戰的將帥形象，就不再是值得驕傲的事情。李在明應該為內部友軍人士制定新的訊息和形象戰略。當能夠以新的邏輯說服內部友軍時，李在明的角色和存在理由就會自然地與時代使命聯繫在一起。如果大眾開始尋找下一任總統時，李在明發出如下信息，會有什麼變化？

「我不是想當總統才這麼做的。這個國家需要徹底改變，誰能改變呢？如果文在寅前代表能做到的話，就讓我們通過文在寅改變國家吧。」

「如果在野黨還有其他政治人士可以做這件事，我會盡力幫助他做。但我找不到這樣的人，所以我才這樣站出來。」

如果說出這樣的話，可能會從有信念的獨斷專行者，迅速轉變為聰明的機會主義者之形象。但是，這就是他將自己的角色塑造得恰到好處的方法。

在《三國演義》中出現了曹操和劉備、張飛和關羽、臥龍（諸葛亮）和鳳雛（龐統）等多種英雄。那些英雄們的活躍固然有趣，但更令人驚訝的是他們尋找自己的角色、履行時代使命的方式。從邊防將領形象開始的李在明，如果要清楚瞭解自己的形象和敵人的形象，那他要做的就是尋找符合時代使命的自己的角色。那樣的話，他會繼續變得更好，更接近自己的使命。

李在明與文在寅的關係

雖然李在明與朴槿惠相比，改革形象相當鮮明，但與文在寅相比，他的形象卻是具有主導性且積極的「粗魯的邊防將領」。因此，相信通過文在寅可以達成政權轉移的人們，會將李在明視為進一步加強目前危機狀況的人。這與李成桂肅清崔瑩將軍時的情況相似。然而，李在明不但不會發動威化島回軍，而且作為邊防將領，如果盲目地想向崔瑩將軍造反，佔據最高位置的話，只會出問題。

李在明是「勇猛將軍」的形象，文在寅是「賢德宰相」的形象。勇猛將軍要想攻擊賢德宰相，必須有明確的正當性。否則，周圍的人或部下們就會認為勇猛將軍是壞蛋。如果勇猛將軍與賢德宰相對峙，說「我倆打起來，我能贏，但你若沒上戰場，就是個問題」的話，部下們就會對勇將直說「太差勁了，你這是幹麼？」索性連頂撞都不頂撞了。

在彈劾政局下，文在寅作為下屆總統候選人獲得高支持率，並不是反映了大眾他對個人力量的期待。只是因為相信他是有力的在野黨代表，所以才會全力支持他。當然反對或辱罵文在寅的人的理由也一樣。

一言以蔽之，大眾認為「在野黨＝文在寅」，因此才支持文在寅。如果「在野黨＝誰」有另一個人物出現的話，他應該也會很容易獲得很高的支持率。現在在野黨當中，安熙正正是這種人，他於是一躍成為強有力的總統候選人。如果文在寅退出民主黨，創建另一個政黨，他絕對不會獲得像現一樣的支持率。最終，民主黨候選人競選的核心要素是：誰更適合代表民主黨。當安熙正宣布參加總統競選時，強調自己是民主黨的核心而且民主黨欠自己人情的原因，就在於此。

如果文在寅落選總統候選人，那時候支持文在寅的人會支持李在明嗎？如果李在明成為民主黨候選人，當然會這樣。另外，如果在確定在野黨候選人之前，彈劾案被駁回，總統大選情況將會變得更具活力。那時，大眾的欲望會變得更加強烈，絕對會需要一個真正的勇將。也就是說，如果彈劾被駁回，李在明將成為民主黨候選人並當選為總統。但是現在憲法法庭通過彈劾案，李在明被選為在野黨候選人的機率並不高。

即使李在明不是在野黨的候選人，他存在的理由依然很明顯。因為這個時代絕對需要勇將。特別是，文在寅和李在明站在同一方時，就更加凸顯他的必要性。如果文在寅是另一個黨，那就不受影響，但現在兩人是同一個黨，所以就會發生文在寅進一步加強李在明勇將形象的矛盾現象。

從李在明的形象來看，一般相信支持文在寅的理由可能不是「事實」。事實上，「在野黨不能在政黨輪替中失敗」的不安感和困惑感，可能會讓大眾支持文在寅。也就是說，不是因為他是「賢德宰相」，而是因為他是在野黨代表，所以才得到支持。現在因為「朴槿惠—崔順實門」，大韓民國國民接觸到人最令人噁心的一面，而感到毛骨悚然，所以迫切希望看到與她們不同的人出現。因此，即使知道文在寅正在表現出普通政治家的樣子，我們仍姑且先將他看作為強而有力的總統候選人。

萬一從新世界黨更名為自由韓國黨之勢力，或由原本新世界黨內反朴槿惠派組成的正黨[19]之勢力成為總統，國民們將再次經歷過去的絕望。因為大眾有這種不安和恐懼，所以才有了想抓住一個人、明確支持他的心情。當然，大眾希望社會能夠改變，因此如果進一步加深「文在寅能否做到這一點？」的疑慮，李在明的存在價值就會復甦。

文在寅，具有優秀人格的救世主

有很多人問我：文在寅是什麼樣的人？為什麼他現在最接近大權？甚至還有人好奇：為什麼像他這樣沒有表現出自己理念傾向的人，會被看作是親北左派[20]的代表人物？

當我問及人們文在寅是什麼人、為什麼他要當總統的時候，人們通常會說他是人品優秀、善良的人。這句話的意思是：人們不瞭解他，也不知道他為什麼必須成為總統。

常言道，必須仔細地觀察總統候選人的品性。之所以把品性作為總統的選擇標準，是因為過去曾有「不像話的」或「侮辱總統職位的」人物擔任過總統。

19　譯註：彈劾案中，由新世界黨內反朴派分裂而出的保守主義政黨，曾為第三大在野黨。

20　譯註：原文為「從北」，即「親北」，指稱「支持或同情朝鮮民主主義人民共和國（北韓）及朝鮮勞動黨」的立場，或是「支持在北韓的主導下促成朝鮮半島統一之人士」。

盧武鉉就曾經受到很多攻擊，主張保守價值的人們指他「人性有問題」，《朝鮮日報》甚至將盧武鉉小時候用刀將同班同學的書包劃得稀巴爛的故事描述得像個重要事實一樣。與「以德報怨」這個俗語不同，我們的媒體在貶低和指責討厭的政治人物時，也會提到品行。那麼大眾如何評價文在寅的品性呢？

二〇一七年文在寅的形象：具有優秀人格的求世主

- 在過去的社會活動或政治生涯中，作為公眾人物的為人處世和生活是乾淨且明確的。
- 性情溫和端莊。
- 由於民主化或公民運動等原因，比起個人富貴榮華，更是為了公共利益而生活。
- 他給人的印象是人多情深，有義氣的人。
- 比起經濟增長，更關注兩極分化及消除貧富差距等相關之福利和分配等議題。
- 與經濟增長和外部變化相比，更重視諸如共同體、生活品質等人性價值。
- 有時以令人鬱悶的慎重態度作應對。
- 為消除社會兩極分化的問題和貧富差距而努力。
- 他給人舒適的感覺，就像任何人都可以輕易接觸到的鄰居大叔或朋友一樣。
- 讓社會成員期待能透過他來讓這個社會更好一點。

總而言之，文在寅的形象是「具有卓越人格的救世主」。如果大眾相信文在寅是這樣，那麼大眾的期待就不在於他的能力，而在於人品。與其說他是會解決問題或很會做事的人，不如說是就算只待在身邊就會被當作好人的人。

說到他，大眾提到的，都是每個人都想要但現在卻看起來離我們社會非常遙遠的問題，如公平分配、共同體、人類生活和價值、以人為本等。然而，這個人不一定非得解決這些問題。其實，這種形象的政治家如果想要開展某種政治活動，無論是什麼，與其說他會真正炒熱議題後加以解決，不如說很有可能不了了之。因為大眾對這位政治家的期待，是像NGO或宗教活動一樣的作用。

大眾希望將他視為德蕾莎修女（Mather Teresa）和納爾遜．曼德拉（Nelson Mandela）之類具有優秀人格的人物，而不是在政界惡鬥的政治家。這是在現實陷於混亂、難以找到出路時，想要相信「這個人是路，是真理」的心理表達。這與人們為了克服現實的困難，依靠宗教獲得安慰的心情相似。為什麼會產生這種心理？如此的情況充分顯示了大眾想通過政治家來獲得救贖的心理。

現在大眾將文在寅認知為救世主形象的問題，不是他是否當選總統，而是他當選後「是否會扮演好優秀總統的角色」。

救世主要化為具體設定，他的自身角色和任務就是環境清潔員。環境清潔員，是指處理朴槿惠─崔順實一夥腐敗勢力所製造的各種垃圾的人。人們期待他能安靜地扮演好自己的角色，而不是激烈地裝腔作勢。這種信任的根據在於「從他的人品來看，他應該會好好地扮演這個角色」。

那些相信文在寅是救世主的人們看待文在寅的心態，就像希望教宗能夠解決教廷的腐敗並為世界增光添彩一樣。「為消除社會兩極分化的問題和貧富差距而努力」、「與經濟增長和外部變化相比，更重視諸如共同體、生活品質等人性價值」等評價證明了這一點。

「他給人舒適的感覺，就像任何人都可以輕易接觸到的鄰居大叔或朋友一樣」，這種評價使我們意識到，人們希望他成為電視劇和電影中的「神」的角色。這意味著人們希望文在寅能像電影《王牌天神》中扮演上帝的摩根．費里曼一樣，擁有能給人舒適感的鄰居大叔的面孔，且起到全知全能的作用。

文在寅的敵人是誰

從大眾想像的文在寅形象中可以看出，大眾內心存在著一種「期待被宗教領導人拯救」的心情。因為現在的情況非常艱難。人們期待文在寅的乾淨正氣能把這個國家變得有品格，當這種期待變成現實而不是盲目的希望時，救世主可以說就出色地完成了自己的角色任務。總而言之，人們希望文在寅能保持現在的特性。可以說，文在寅擁有乾淨、優秀的人品，而且只要保持懼怕國民的基本態度，就具備了成為優秀總統的條件。

但對大眾而言，如果他不能救濟我的困難，也無法讓我過上好日子，我反而會對他更加失望，並否定他的正面形象。這是「透過特定政治領導人來救援我們，塑造期望的生活」之欲望的形象轉變。這樣一來，認為政治人物的角色是「透過政治賺錢的人」或「使人民富裕的人」的人們，就會抱有「文在寅說不定會使人民更貧窮」的疑問。

在選出朴槿惠時，大韓民國大眾期待過去曾引導經濟發展的朴正熙之女兒朴槿惠能夠讓這個國家重新富裕起來。這與我們目前將文在寅視為救世主的心理並無二致。

以想要救世主的心態來選擇總統，就像是期待見到宗教人士，得到靈魂救濟的心理。意思是，這不只是去宗教設施洗刷罪責，得到安撫和安慰而已，人們還期待成為富翁。

那麼，大眾認為「文在寅不是這樣」的選項有哪些呢？下文所描述的人物，正是他需要對抗的敵人。

文在寅不是這樣

- 舉止輕浮，私生活複雜。
- 對人沒有基本的禮儀，隨便對待他人。
- 將與眾不同的皇家般的家庭背景或經濟能力等作為重大政治資產。
- 印象很冷漠又會冷言相譏。
- 比起追求國民的安危和幸福，會先維護自己的權力。
- 以攻擊性強、積極的態度對待周圍的人。
- 為了自己的政治利益或成功，可以改變其所屬黨派或支持集團的人。
- 比起實際利益，更重視面子，有炫耀欲望。
- 為爭取權力、維持政權和自己的政治目的，可以無視共同協議或法律，採取任何行動。
- 專注於一次性活動和政治表演。

以上形象，包括了李明博、李貞鉉和洪準杓等過去新世界黨政治家們，以及二〇一六年秋天以後被大眾所熟知的崔順實的形象。「朴槿惠—崔順實門」之主角們所塑造的自我形象，與文在寅的形象形成了鮮明的對比，從而凸顯了文在寅。這就是文在寅很難推出特別的功績或能力，大眾卻依舊賦予他救世主形象的背景。大眾明確拒絕像朴槿惠、崔順實和李貞鉉這樣的人，是因為看清了他們的真面目。表面上裝出優雅的樣子，實際上卻追求自己的欲望，這類政治人物的面目愈清楚，大眾就愈會將自己的欲望投射到文在寅「不貪心」的形象上。

大眾在向文在寅投射救世主形象的同時，也擔心他不懂人情世故。如果他處理事情符合人情世故，也許就會有人說他失去了自我整體性。

文在寅還有一個問題：如何不畏縮「親北左派」的標籤，同時與大眾溝通、分享他認為正確的價值觀和良心。人們期待他能追求乾淨、正直的政治，並向不對的事情拋出明確的信息；人們不希望他提出半調子的整合、溝通或團結，而期待他準確表明什麼是錯誤的、應該消除什麼。把文在寅視為救世主的大眾，期待他能發揮神的權能，使罪人向他求慈悲。

文在寅的形象與那些像朴槿惠和崔順實一樣、在我們社會引起人格問題的人，形成了對比。如果出現比文在寅的形象更端正、更有品格的其他人，大眾可能就會對他產生好感、會相信他是個新的救世主。

欲望有許多面孔

在民主共和政體裡，總統是國民的代表和領導者，但是所有的權力都來自國民。我們卻視總統如王，視國民為總統的臣子和老百姓。

國會通過彈劾案後，我有機會與江南一對中年夫婦共進晚餐。他們對我被延世大學解僱之事並不感到驚訝，並說這是理所當然的結果。我問他們為什麼這麼想，他們這樣回答：

「你惹了逆鱗嘛。」

「逆鱗」原是「倒生的鱗片」的意思，這裡基本上是指「違逆王」，即「違逆權力者的心思」的意思。從觸碰逆鱗的表述中可以看出，他們已經把總統當成了「國王」而非總統。在接下來的對話中，再次確認了他們對總統的看法。他們認為朴槿惠沒有錯誤，並這樣說：

「唉，她一個貴族子女，真可憐。只要周圍有人好好輔佐她，也不至於淪落到這個地步。說實話，是崔順實犯了錯，使自己的主人陷入困境吧。總統做錯了什麼？」

從中可以看出，他們沒有意識到「朴槿惠—崔順實門」是「壟斷國政」，反而認為那是沒有好好侍奉國王的臣子的「偏差」行為。這種心態，和說「朴槿惠很可憐」的某個六十多歲長輩的話並無不同。因為這些人認為朴槿惠是「半人半神」的朴正熙的女兒，所以朴槿惠很自然地被當作「公主」。

大眾或媒體提出「她小時候就失去了父母，受盡苦頭，難道你不覺得可憐嗎」、「總統是朴槿惠的家業」的邏輯，反證了我們生活在一個民主國家，卻仍然遵循封建君主制的迷信。依然有很多人手寫「總統」，卻讀唸成「王」。

在總統的職銜上也留存著王朝時代的遺產。把當總統形容為「大權」，把總統的妻子稱為「令夫人」、總統的子女稱為「令息／令嬡」。這些都如實反映了我們的心理和行動，皆是以王朝時代的思維，來看待總統的地位和角色。

盧武鉉為了改變這種認知，進行了革命性的嘗試。遺憾的是，國民和當時在野黨政治領導人們認為，他試圖擺脫權威主義的努力是政治陰謀，並予以拒絕，甚至將其視為嘲笑戲弄的對象。可以看出國民的心態，是想以輕視、欺負想與老百姓和睦相處的國王，來補償自己生活的痛苦和受害意識。

文在寅的形象分析結果顯示大眾的這種心情：一方面是希求救國英雄，另一方面則是希望成為救世主的，是像平民百姓的人，而不是國王那樣的人。雖然看起來不像是很有邏輯或很合理的欲望，但這就是現在大眾看待文在寅的真實內心。欲望與邏輯性或合理性無關，它會有許多面孔，在我們心中成長。

人們對文在寅的期待

文在寅以自己向大眾展示的品德為基礎，面對在這個國家進行新政治實驗的命運。文在寅的形象，根據大眾對他的期待感和支持度，可細分為偉人、普通人、及在野黨的派系領袖。

大眾將文在寅視為「偉人」的欲望是：比起文在寅本身實際上是何種人，他們覺得如果他像偉人傳記的人物一樣，是個英雄般的人就好了。也就是說，他們期待文在寅是偉人傳記中的人物。大眾將總統候選人視為偉人，從候選人和支持者的立場來看，已別無所求，但這也是大眾在自欺欺人。因為大眾將某位政治家視為完美的領導人，就意味著他們沒有問他「為什麼要當總統」。這種心理，就是只因為他非常優秀，所做的無條件選擇。這也和過去支持朴槿惠的人表現出的心態一樣。如果抱著這種心態，既不能驗證候選人，也不能在他成為總統後，強烈要求他兌現選舉承諾。大眾應該明確表現出對

文在寅的形象關係圖

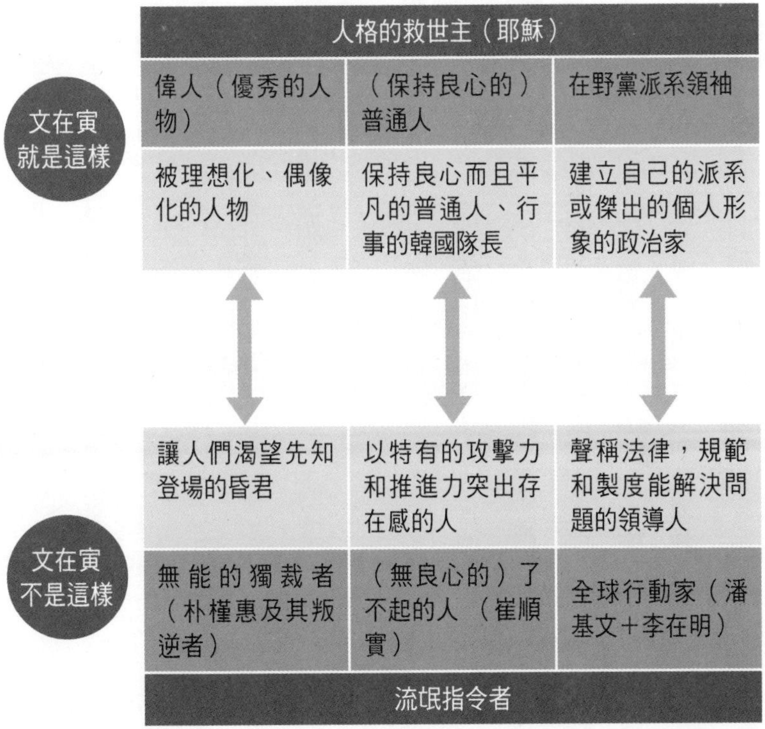
人格的救世主（耶穌）
文在寅
就是這樣
偉人（優秀的人物）
（保持良心的）普通人
在野黨派系領袖
被理想化、偶像化的人物
保持良心而且平凡的普通人、行事的韓國隊長
建立自己的派系或傑出的個人形象的政治家
讓人們渴望先知登場的昏君
以特有的攻擊力和推進力突出存在感的人
聲稱法律，規範和製度能解決問題的領導人
文在寅
不是這樣
無能的獨裁者（朴槿惠及其叛逆者）
（無良心的）了不起的人（崔順實）
全球行動家（潘基文＋李在明）
流氓指令者

大選候選人的期待和欲望。更進一步說，我們應該不斷向候選人要求，讓他意識到自己的時代使命是什麼，並實現它。千萬別想仰仗候選人的慈悲心。

文在寅的「普通人」形象，就是把他視為在我們周圍隨處可見的不錯的政治家，進行人性化、現實性政治活動的人物。這種形象體現了人們希望總統不是特別的人，而是像鄰居大叔一樣的人。但是那位大叔必須具備超出我想像的巨大能力。因為只要一想到國家需要改革的問題堆積如山、需要改變的事情也很多，心情就會變得很鬱悶。如果有國民急於在五年內期待某種成果，就很有可能對他感到失望。將文在寅看成這個形象的大眾，相信領導人應該是保持良心、平凡的人。在這種情況下，文在寅應該表現出不同於過去那種把自己包裝成英雄的領袖的姿態，這是他的矛盾。因為在大眾期待他成為英雄般角色的時代背景下，他的舉止卻必須是「保持良心的普通人」。

文在寅也有「在野黨派系領袖」的負面形象。這意味著他像在「三金時代」[21]身為巨頭政治家的金大中和金泳三一樣，是具有權威形象的政治人物。對於經歷過朴正熙時代的人來說，在野黨派系領袖就是指想成為總統的人。這與金大中、金泳三一樣，也是鄭東泳、孫鶴圭、安哲秀和劉承旼等典型的政治家形象。不論朝野政黨，政治家不是為國民著想的，而是建立自身派系和集團，以謀求個人政治利益的人。但是，他們卻經常使用著

「只為國民」、「根據國民的意願」、「適當的、必要的措施」等看似理所當然的話語。

人們期待總統候選人文在寅「正確地表明自己的整體性，並明白體現能夠實現大眾期待意志之戰略」。要做到這一點，就必須參考人們心目中的「偉人」、「普通人」，及「在野黨派系領袖」等形象。否則人們就會覺得他無法實現人們的欲求，並對他抱有懷疑。

文在寅的困境，如何滿足期待

即使文在寅自己不願意，也有可能逐漸表現出與朴槿惠在成為大選候選人期間所表現出的行動相似的面貌。這是指，因為不清楚他會把這個國家引向什麼方向，所以只能看見他在不斷地受到攻擊中表現出自我防禦的姿態。那樣下去的話，就會成為呼籲改革的政治家所攻擊的對象。如果繼續這樣下去，連他的支持者都會認為無法期待將來會有

21 譯註：三金時代，指前總統金大中、金泳三和前國務總理金鐘泌三人共同活躍在政壇的時期。約自一九六〇年代開始，三人掌握韓國政壇，長達半世紀之久。金泳三的總統任期為一九九三至一九九八年，金大中的總統任期則為一九九八至二〇〇三年。

什麼與現在不同的大改變。

如果現在大眾對文在寅的形象反映了希求救世主的心情，那麼我們應該擔心的不是他能否成為總統的問題，而是更要思考他成為總統之後如何滿足大眾的期待。否則，他的形象可能會面臨戲劇性的變化，就像二〇〇九年的朴槿惠形象在二〇一五年大轉變一樣。

我們已目睹了人們看待朴槿惠的想法發生戲劇性的變化。大眾看待某個人物的心態可能隨時都會改變。誰也不能就此隨心所欲，這也同樣適用於文在寅。

具有「偉人」、「普通人」，及「在野黨派系領袖」形象的文在寅，一旦成為總統，就成為了大眾的審判對象。作為「救世主」，只要他能好好地把握大眾的欲望，並出色地完成大眾所委託的任務，就不會有任何問題。大眾希望，在自己充滿期待的這段時間內，能看到文在寅展現奇蹟，滿足各式各樣的欲望。

然而，他既是救世主，也是「普通人」，他不可能施行如死人復活、水上行走、餵食幾個麵包和幾條魚就救活數千人命的奇蹟。即使不是像耶穌的奇蹟一樣，人們還是希望文在寅能做出有教宗水準的破格舉動，並能夠滿足人們對新時代的期待。當無法滿足這種期待時，又或者覺得在目前的狀態中無法實現大改變時，大眾看待他的心就會漸漸轉變成疑慮。當他給人們感覺從「匡正國家大計的普通人」轉變為「普通人」時，大眾就會無視他。他也會很容易被指責說：「這個人，不符合總統的級別或品格，沒有做總統的能力」。

如果聯想到盧泰愚政府時期，就能輕易理解文在寅時代會展現出什麼樣的政治。當時，盧泰愚政府面對在野黨和國民的壓力，被要求要查明光州屠殺真相並清算五共[22]腐敗行為，可是卻表現出消極的態度。也就是說，即使進行了清算，但卻做得不夠徹底。那樣的情景可能會在文在寅時代重演。可能有些人會把之後令人失望的總統比喻為「男版朴槿惠」也說不定。如果文在寅不清楚展現自己的訊息或角色定位，就有可能會陷入「誰是實際掌權人？」的爭議，無論是檯面下的還是檯面上的。

給文在寅的戰略：三分權力之計

大眾對文在寅投射了什麼欲望呢？偉人、普通人、在野黨派系領袖的形象所蘊含的

22 譯註：五共，指大韓民國第五共和。朴正熙死後，全斗煥發起軍事政變，推翻繼總統崔圭夏。

大眾欲望，告訴人們他應該成為什麼樣的總統。作為派系領袖或普通人的文在寅，只不過是「盧武鉉的朋友」，這時的他可不是偉人。而大眾的欲望希望他是偉人，並期待他能做出值得成為偉人的事。必須以救世主的身分，留下自我犧牲的足跡時，他才能成為偉人。

美國一些政治評論家們曾確信川普絕對沒有任何成為總統的可能性，在川普當選總統之後，他們的評論處境極為窘迫。他們說，下層白人期待「偉大美國」（Great America）的叛亂票被川普所吸引。無論這是否為事實，這個評論本身更清楚地顯示了美國人透過川普是為了滿足什麼樣的欲望。

當美國人為了偉大的美國而選擇川普成為總統時，他們心中刻畫出的英雄就是「美國隊長」。美國隊長是電影《復仇者聯盟》中的領袖人物。為了保衛美國而與敵人戰鬥的他不是一個人成為英雄，而是與具備不同能力的角色一起執行拯救國家的任務。

在這個政局之下，政黨輪替就有如拯救國家於危難之中，而文在寅則能活用救世主形象，具體地化為韓國隊長的角色，體現自我犧牲以及謙遜的姿態。這明確地揭示了今後大韓民國的領導力將以韓國隊長形式的框架來實現。因為人們從一開始對文在寅之人物設定的期待，就覺得他是會以韓國隊長的心態來使自我更加完善的角色。

民主黨內有力的候選人，是文在寅、李在明和安熙正。文在寅的戰略，不應該與他們競爭來成為候選人，而應該採取三人共享權力的「三分權力之計」。文在寅如果將李在明和安熙正安排在合適的位置上，表現自己能夠很好地任用人才，就可以成為完美的韓國隊長。這一戰略給文在寅留下了不像民主黨初選候選人，而是像大選候選人一樣行動的空間。進而，還可以透過選舉戰略，去刻畫他能團結合作的自我整體性。這是比提出聯合政府云云令人難以相信的統合藍圖更為明智的戰略。因為這才是他們分享權力並為人民承擔責任，且很好地履行自我職責的樣貌。

在彈劾政局中，引起大眾關注的李在明和潘基文，以及在他們放棄參加大選後獲得大眾芳心的安熙正，都具備卓越的能力。李在明和安熙正能做什麼並不重要。只有當文在寅一個人無法完成救世主形象、有能力的領導人形象，並與他們一起合作、加以完善之後，才能滿足大眾的願望。這會成為一個基礎，讓人們覺得國政在運轉，同時也是動力的引信。那些想以嶄新的氣象、品格和強烈的熱情來改變世界的人物們，全都聚集在韓國隊長的大義下，人們方能有安全感。

曾經將朴槿惠視為「私生活不複雜，對人有基本的禮儀，舉止不輕浮的皇室家族」而支持她的人，當中有許多人在感到「被她欺騙」後，一直尋找著人品更佳、更有人情味的人。這種迫切感體現在對文在寅的期待上。

大眾期待如同救世主或救國英雄般的人物能夠實現自己的欲望。但是，當一個人無法奇蹟般地實現時，也有扮演隊長角色的方式。這就是「普通人」成為「偉人」之路。只要和李在明、安熙正一起的話，文在寅就可以完美地找到自己的位置，成為召集多名英雄擊退敵人的隊長。文在寅與李在明和安熙正一起進行的「三分權力之計」戰略，也可能會發展成民主黨的基本大選戰略。

現在李在明和安熙正都明顯不是與文在寅所競爭或對立的形象。若文在寅從民主黨初選開始，就清楚地表現出「三分權力之計」的藍圖，那時，他就能抓住懷疑自己能力的大眾的心。

遵循何種欲望的指引

人們已經開始害怕大選後的情況。因為，雖然不能再忍受充斥著像朴槿惠、崔順實這樣的人的執政黨，但是彈劾政局以後代表在野黨的民主黨也很難信任。會有超過了百分之四十的人支持，只是因為認為民主黨是政黨輪替下的替代勢力。

大眾向文在寅投射韓國隊長這種欲望的心態，其基礎是一九八七年大選時，在野黨政治家的分裂和隨之而生的不信任所引起的不安感。如果當時反對黨陣營沒有分裂成金大中和金泳三，盧泰愚就不會成為總統。這雖然是大眾所知的常識，但不管是當時還是現在，在野黨領導人連這種常識都沒有遵守。

以文在寅的形象分析來論我們的期待，就是他透過韓國隊長戰略，具體呈現了大眾的欲望。以普通人文在寅為例，如果知道劉備為何在《三國志》中成為英雄的話，作為韓國隊長的他會更能找出自己角色的定位，也有可能刻畫出與盧武鉉不同的、文在寅獨有的利用人才能力。

文在寅、李在明和安熙正還沒有對立起來，但是在野陣營分裂的可能性依然存在。其代表性人物就是安哲秀。有趣的是，大眾明顯地表現出不承認國民之黨是在野黨的心情。即便是在彈劾政局之下，國民之黨的支持率卻不上升就是明證。

大眾政治家應該首先承認基本前提和界限，制定穩定的搶佔權力的戰略。他們一般都會希望無論自己的形象如何，都能清晰地印在大眾心中，從而改變政界。然而，這卻不會透過「盲目地樹立好的形象」或「具備應該要有的形象」而實現。瞭解什麼是適合自己的形象，並把它突顯出來，進而在自身形象充分反映大眾欲望的時候，就能在政界佔據有意義的地位。這就是所謂政治人物的這種角色和存在的理由。不是因為他們有多出色，而是因為大眾能通過他們來滿足自己欲望的希望和期待。

那麼，文在寅為了不讓對自己的期待急劇轉向失望，應該怎麼做呢？

第一，要明確瞭解大眾所期待的，不，要明確掌握大眾想透過文在寅來滿足的功績和期待，並且表明會在何時之前、以什麼樣的型態去實現它。用一句話來概括：應該放寬大眾對文在寅的期待和希望的規模。更進一步說，為了更能扮演好自己的角色，必須奠定好基礎，讓國民來彌補他的不足之處。這要從他真誠地傾聽國民之聲開始。

第二，應該將現在與自己競爭的政治人視為同伴，讓他們發揮自己所不擅長的角色。不是與其他黨派聯合或組成聯合政府，而是要培養在同一個黨內那些本想站出來打敗文在寅的政治家。尤其要培養的是那些與他自己形象截然不同、卻發揮著有意義作用的政治家，而且必須給他們適合的位置。

這也是在教導以後那些具有特定形象的候選人若成為總統時，應該起到什麼樣的作用，以及以什麼樣的方式體現大眾的欲望。如果不能滿足大眾的欲望，他就會成為與大眾期待截然相反的形象，而不是大眾所期待的形象。當然，成為總統後可以創造出全新的形象，也就是超越現在的自我形象。但是，這並不像想象中那麼容易。

文在寅的成功與否取決於他能否表現出大眾的期待和希望。如果這種期待無法實現，大眾對他的欲望就會瞬間消失。進而，以過去相信「文在寅不是這樣」的那些形象去重新認識他。這是在說，各自不同的細部形象類型，和該形象本身的對立點上的形象，取決於大眾對他支持的心理強度。

瞭解大眾以什麼樣的心態或為了滿足什麼樣的欲望而支持文在寅，也是從確認其細部形象開始的。他實現支持者的欲望，取決於他體現什麼樣的形象。如果他不能很好地體現大眾的欲望，他的形象就會改變。

第二章　我們曾經選過的人：我們爲什麼選出他們

要求犧牲的國家

人們常說領導人是天生具有時代使命的人。有趣的是，朴槿惠、李明博、盧武鉉其實都是如此。朴槿惠的時代使命是恢復父親朴正熙的神話。李明博的時代使命是毫不掩飾各種手段和方法以求發財，表現出成功姿態。這就是所謂的身份上升神話，具體來說就是呈現為「農耕時代」出生的社會下層居民在經歷「工業時代」後，進入了上層。而盧武鉉的使命，是讓那些被冤枉的、遭受壓迫的人，即使沒有像樣的背景，也能開創「有話就說的時代」、「沒有不正當和違規的時代」、「能感受到仁道的時代」。

在金大中執政時期，雖然沒有人提及，但一直有一個明確的使命，那就是拯救因金融危機而變得疲憊不堪的國家，使其恢復正常。但是，金泳三政權末期爆發的金融危機的原因並不是因為國家沒錢，而是因為外匯管理得不好。

國家沒有美元的事情浮出檯面的同時，爆發了金融危機，但政府卻沒有如實公佈這一事實，反而批評國民開香檳慶祝為時過早，把責任推到了國民身上。

遺憾的是，一般國民並不清楚這種情況，要不然怎麼會進行募款運動呢？那也是自發的。人們也不過問捐錢有什麼幫助。當然，賣黃金可以賺取美元。雖然不是大筆錢，但是對內外都有著「宣傳」的意義。

有的人把「募款運動」比喻成日本帝國主義強佔時期的「國債報償運動」。國債報償運動是大眾自發參與的活動，目的是要解決朝鮮王室原先試圖擺脫貧困經濟情況所衍生的問題。

有趣的是，人們也不過問為什麼當時朝鮮王室發行了那麼多國債。將外交權轉交給日本的朝鮮王室，因為資金不足而發行了國債。因為王室說錢不夠用，所以日方說如果發行國債，日本銀行就會提供資金。借了錢的朝鮮王室卻向國民表示，因為欠日本太多債務，經濟上便無法獨立。王室利用老百姓的小錢來維持富裕生活，在當時卻以把國家交給日本為條件，來得到保全王室的承諾。也就是說，國債報償運動只是為了償還朝鮮王室的債務，並不是正確認識朝鮮王室的變化和國家問題而展開的活動。

出於守護自己國家王室的目的而展開運動，這本身並非壞事，但是大眾卻因此失去了正確看待自己面臨了什麼問題的機會。當時，沒有人告訴老百姓真正的問題，也沒有人鼓勵老百姓去尋找解決方法，而是讓老百姓錯誤地認為解決表面上的問題就可以了。是誰這麼做的呢？那就是既得利益的權力集團。

即使到了現在，既得利益的權力集團不意識自己的錯誤，卻要求大眾做出犧牲以解決問題，這樣的案例仍在反覆發生。他們不是看清問題、尋求解決方法，而是假裝為國家著想，模仿憂國志士。從這一點看，將募款運動比喻為國債報償運動，並沒有錯。在某些人看來，這是「純粹的愛國心」的體現，但在我眼裡，卻是「以愛國心為表面藉口的扭曲事實與盲目」。因此，直到現在，我們仍然感覺「這算是什麼國家呀？」並在這種愧疚感中生活。

野性十足的盧武鉉為何變得懦弱

韓國社會中有一位領導者想成為普通公民，而不是領袖。在世期間，不，在擔任總統期間，大眾沒有把他視為領導人，雖然如此，這位政治家在去世後卻成為最受尊敬的總統。他就是盧武鉉。他是韓國現代史中以鮮明形象留在大眾心中的兩位總統之一。另一位就是朴正熙。當他的女兒朴槿惠受到國民的指責時，盧武鉉彷彿真的復活了一般地蘇醒過來。這是二〇一七年大韓民國總統選舉中左右大眾選擇的最大因素。

入主青瓦臺之前，那麼野性十足的盧武鉉，為何入主青瓦臺之後變得那麼懦弱？盧武鉉以野性的形象獲得了國民的熱烈響應。在這種氣氛下執政的盧武鉉，以他野性的形象這樣說：

「我不會藉助檢調體系、國稅廳、警察和國情院的力量來統治國家！」

他高喊檢察改革，並與檢察官展開討論，他表示將「分享權力，作為總統不隨意行使權力」。但是當上總統後，大眾卻說「這與我所希望的總統形象不同」，對他提出了這樣的要求：

「作為總統，應該具備權威和品格。」

這句話淡化了盧武鉉野性十足的整體性。他總是以悲壯的決心提出「大聯合政府」或「提前辭職」等建議，但人們對他的提議反應很冷淡，認為那「不像總統」。就任後原本還被認為是能改變大韓民國的新希望、還是嶄新人物的盧武鉉，在卸任時，不僅經濟低迷，房地產價格也暴漲，反倒因此成了這個國家所有問題的主犯。

好總統變成壞總統是一瞬間的事情。大眾對政治家懷抱什麼樣的形象，是其改變的強力原因。

當然，盧武鉉還有其他困境。在敵人很明朗的時候，不必去煩惱什麼是正義。但是，如果敵人變得模糊不清的話，就很難判斷什麼是正義、是否真的可以稱為正義。這時候，他也可能會犯下意想不到的錯誤。

如果我站在被支配者、受到壓迫的立場，那麼就可以將擁有權力的人和壓迫我的人定義為違反正義的存在，並對其進行攻擊。在盧武鉉進行工人運動或擔任在野黨領導人時，將有權力者定義為違反正義的存在，並對其進行攻擊，這是沒有任何困難的。然而，自己掌握權力後，就很難判斷什麼是正義。因為自己已經登上了曾經被指認為敵人的位置，所以盧武鉉執政時期最常遭受的批評是：

「打了左轉方向燈卻往右轉。」

李明博之後選出朴槿惠的理由

李明博當選時，人們不是選李明博這個人物，而是忠於個人欲望。也就是說，人們明顯地表現出「想好好生活，想成功」的欲望。盧武鉉曾經提倡「民主政治」，如民主制度、言論自由、表現自由、公權力的最小化等。但遺憾的是，就是這個部分，讓國民感覺盧武鉉是位軟弱無力、無能的總統，因而產生反作用力，隨之登場的人物就是李明博。

支持李明博的人們想要的是「成功的ＣＥＯ」或「大企業高層管理人員」的形象，也就是有力量、有能力的形象。他們的想法是：如同企業成功養活職員，李明博也可以使國家富強，養活國民。但屬於企業的總經理或理事，通常是在公司內部採取鐵腕作風，然而遇到外部人士時，就會非常謙虛。

也許正因為如此，李明博在執政初期做得很好。在哪些方面做得好？其實就是對李明博自己來說做得非常好。不說別的，光說他一下子更換了各種媒體的董事長，將其打造成為自己的同盟，就像在公司內部進行鐵腕作風並管制輿論一樣地管制媒體。即便如此，他仍每週透過收音機對談進行廣播講話，也經常舉行記者會，就像一位善於「溝通」的總統一樣。

李明博總統向大眾展示的總統形象戰略，就像是表演去南大門市場吃一個五百韓元的魚板串一樣。他認為這種行為是與周圍的人或大眾的溝通。

為什麼我們在李明博之後選出朴槿惠呢？現在看來，他們兩人都是差不多的族類，對吧？當時大眾看待李明博的心理是這樣的：

「那個人淺薄，只會耍小聰明。無論他掙了多少錢，他都無法讓我們成為一個像樣、有派頭的人。」

李明博無論怎麼裝腔作勢、裝有品，都顯得「不像樣」。但是一看朴槿惠，她有很好的家庭背景。如果我選了某人當總統，感覺自己就好像變成了他一樣，許多人將上述這種心理向朴槿惠投射。我們選出了看起來很沒料的李明博之後，還被看起來很沒料的人欺騙，所以非常生氣。從某種角度來說，這是開倒車的更錯誤的選擇，但是一部分人選擇朴槿惠的理由，是朴槿惠看起來很「有料」。因為不想再成為看起來沒料的李明博，所以投給朴槿惠。

我們選擇朴槿惠為總統的心理就是這樣：

「青瓦臺就是自己曾經的家，父親曾是總統，如果由她來當總統會做得多麼好呀。」

慢慢地執著著

即便不知道她是否擅長政治，但看起來很有品格的她，竟是個傀儡。選了淺薄貪錢的李明博之後，選出了一位看起來很體面的公主，但她卻是一個什麼都不會做的橡皮圖章，而且背後還有不亞於李明博的「錢蟲」。

現在，在各種物證氾濫的情況下，她依然若無其事地說謊。如果是普通國民，這種事情理當會受到處罰，但是她卻毫無顧忌地執著下去。一旦厭倦了這種厚顏無恥又說謊的人，就會自然而然地尋找能夠有品地把一些事情做好的人。因此，可以看出國民不是對這個小國，而是對治理世界的總統表現出關注。對政治愈不關心的人，就愈會自然地關注那類人。因為這樣，潘基文才突然登場。

朴槿惠成為總統，意味著選她的人們佔多數；因崔順實事件，民心如此沸騰，意味著曾經選過她的人們已經回心轉意。這些人不是一開始就反對朴槿惠的。他們對李明博失望後選擇了優雅的朴槿惠，再對朴槿惠失望後，轉向在世界總統位置上的潘基文。

應該打破的是這種框架。選擇總統並不是人物的問題。我們要知道這個時代的使命是什麼。現在的時代使命並不是單純整頓過去九年的積弊。大韓民國在朴正熙政權以後改變了嗎？朴正熙政權十八年，然後是全斗煥七年和盧泰愚五年，加起來一共是四十年。金泳三、金大中和盧武鉉執政的十五年，有改變了這四十年的積弊嗎？即使努力了十五年卻改變不了什麼，結果就是李明博和朴槿惠上台。

要想消除四十年的積弊，必須正確認識「四十年的積弊」是什麼。另外，不要抱有天真的期待，以為某人當選都能立即解決所有問題。整頓的步伐，應該慢慢地、堅定執著地前進。

能達成這個使命的人是誰呢？過去的歲月裡，那些在這個國家把能享受的都享受了的人們能做好嗎？或者不是全部，只享受到某種程度，因此有點遺憾的人，就會做得很好嗎？如果不是那樣，想要創造一個全新的世界的人會做得很好嗎？

偶爾回顧過去的歲月，試著想一想「他為什麼會登場呢？」盧武鉉為何登場？金大中為什麼會登場呢？金大中當選總統時，人們期待他能整頓之前的四十年積弊。然而，金大中可能稍微緩解了湖南人[1]的遺憾，但是還沒有達到除弊的程度。

金大中的前任祕書室長成為朴槿惠的最後祕書室長，這一驚人現象能證明許多事。

1 譯註：現大韓民國的全羅南道、全羅北道，合稱湖南地區。

政治家們難道不是都在全力地表現出「白天假裝進步／保守，或者營造執政黨／在野黨相爭，到晚上卻互相稱兄道弟」的樣子嗎？所以，當我看到那些提及執政黨／在野黨、進步／保守對立格局的人時，就會覺得「又在招搖撞騙了」。

我們的敵人，我們的總統

在上屆總統選舉，我分析文在寅、安哲秀和朴槿惠形象，感到非常苦惱。因為得出的結論是：無論誰當選總統，情況都不會好。相較之下，文在寅稍微好一點，但他也很難實現自己的想法。當然我也知道他不會像朴槿惠那樣做出荒唐的事情。但是，儘管文在寅為人很突出，但大勢不會改變。

回顧一下過去的事件。在三豐百貨倒塌事件[2]發生時，誰是總統？就是金泳三。在金泳三執政時期，發生了各種事故，如地面上發生了百貨倒塌事件、天上發生墜機事故[3]、大橋崩塌事故[4]。回顧當時，這些事故是這個國家正常的運營體系正在崩潰的信號彈，但是當時誰都不想知道這些。

金泳三上台後一開始清除「一心會」[5]，接著實行金融實名制，為改變體系付出了很多努力，人們亦熱衷於此。突然更換系統後，人們以為會變好，歡呼雀躍，但因為沒考慮到整體系統的情況，還到處插手，結果爆發了金融危機。即便如此仍得進行改變的部份，在金大中成為總統、緊接著到了盧武鉉，卻依然沒能做出改變。

雖然可能有人會認為罷免朴槿惠已經取得了某種成就，但其實並沒有發生任何變化。既得利益集團一定會為了不失去自己掌握的權力、利益和金錢而不擇手段。若李在明和文在寅互相競爭，那時候他們一定會更加開心。觀察一下美國大選就知道了。

有很多人說，伯尼．桑德斯和希拉蕊．柯林頓上了川普「離間計」的當。因為川普使用離間計，使得兩人分道揚鑣，之後，伯尼．桑德斯的支持者們對此感到失望而沒有參加投票，結果希拉蕊雖然比川普多獲得兩百萬票，但最終還是輸掉總統選舉。這種

2 譯註：大型百貨公司三豐百貨位於漢城（今首爾）的黃金地段，開幕於一九九〇年七月。一九九五年六月二十九日，因地基鬆軟、建築公司擅改設計等原因而倒塌，造成五百餘人死亡，近千人受傷，損失超過兩億美金，目前為全世界第二嚴重的建築物自行倒塌災難。

3 譯註：指韓亞航空七三三號班機墜機事故。一九九三年七月，韓亞航空七三三號班機在由漢城（今首爾）飛往全羅南道木浦的途中，因天候惡劣而於降落時墜機，造成六十八人死亡。

4 譯註：指一九九四年聖水大橋崩塌事故。一九九四年十月，位於首爾、橫跨漢江的聖水大橋疑似因金屬疲勞而倒塌，造成三十二人死亡，十七人重傷。橋經修建後，於一九九七年重新啟用。

5 譯註：指由全斗煥與盧泰愚等陸軍官校十一期同學成立的軍內私人組織。

問題有可能在大韓民國重演。

在綜合頻道或公共媒體的節目上，評論家或專家提出的那些顯而易見之主張，和對政治家傳統觀念的發言，是離間計的另一種面貌。他們制定了保守與進步對立的框架，將人們關在其中，使他們看不清楚實際現象。

這場鬥爭的特點是敵我難分。唯有欲望強烈的人會更加猛烈、更加毒辣地、反覆地提出自我主張而已。這就是所謂的「理念框架」運作良好的原因。這場鬥爭的基本方式是對我自己以外的人貼上左派、右派、日帝走狗、親北左派的標籤。

要想在這場鬥爭中獲勝，應該怎麼做呢？最重要的是要明瞭我們的敵人是誰。就算只知道我的欲望指向誰，敵我之分也能變得清楚明瞭。如何鬥爭並不重要，因為這場鬥爭就像打游擊戰一樣，欲望強烈的人會不擇手段、拼命地進攻。

敵人是誰，不管用什麼框架怎麼包裝，鬥爭的方式都沒有多大差別：明確知道誰是阻礙滿足我欲望的敵人，就是最有效的戰術和戰略。這場鬥爭，能最簡單明瞭地令敵人現形的人，就能得勝。

進步和保守爭論是另一個騙局

如果像過去一樣，把下屆總統大選視為進步和保守的對立格局，就很難掌握連結著欲望的敵人。將自己和他人區分為進步對保守的瞬間，這次總統大選的性質就會和過去一樣，顯而易見地變成理念對立的延伸。那樣一來，我們將會很難看清楚，這個時代需要解決的問題是什麼、想要滿足什麼樣的欲望。最後只會發生政治家們為了自己的欲望，單純地將對方視為保守或進步，從而迷惑大眾的事情。

下屆總統大選應該把焦點放在「如果這個國家繼續這樣下去，那萬萬不可」，而非進步與保守的對立上。無論是過去四十年的積弊，還是九年的積弊，應該將其定義為渴望突破性變化群體，以及「就這樣走下去吧，到現在為止還能勉強過日子，希望能一直這樣下去」的群體這兩者之間的對立。

將其稱為進步對保守的對立格局是另一種欺騙。擺脫過去熟悉的思考方式會承受相當大的痛苦，但即使如此，如果有一個群體認為這個社會確實迫切需要改變的話，我會加入那個群體。如果有人問我「應該怎麼鬥爭」，我會說不該那樣問，而是應該問「怎麼做才能贏」。我們就該問：「怎麼做才能贏」。

有些人主張，要遵守法律和原則來進行鬥爭，但這是只知其一不知其二的主張。即便我們一心想著「我們應該戰鬥的敵人就是誰誰誰，一定要戰勝他們」，卻依舊不知道能否戰勝。對方會為了自己的利益而立法，只採納維護自己利益的原則。那個群體所遵守的法律和原則就是這樣。掌握能牽動這個國家權力的勢力正在展開只屬於他們的聯賽。

目前，在民主黨內部，為了爭奪下一屆大權，四名總統候選人陣營正在展開各種爭論。他們講究的是「有沒有拓展性，有沒有決定性的缺陷」。這句話在盧武鉉還是總統候選人時也出現過。但是，鄭東泳成為總統候選人時，沒有人提過這樣的話，而在上屆總統選舉文在寅成為候選人的時候也是一樣。因為當時民主黨內有力的候選人只有一個。這就是重點。

如果民主黨內出現幾位互相勢均力敵的候選人，就可以掀起一陣旋風，從而找到在競爭中取勝的最佳途徑。此時，因被自己擁有的東西所束縛而先打起算盤的人，不認為必須在與敵人戰鬥中獲得勝利，而是認為「我要把這個留下」。實際上就是這種心態：

「贏也好，輸也罷，反正我肯定從此獲得好處。」

以這種心態戰鬥，在野黨候選人鄭東泳敗給李明博，文在寅敗給朴槿惠。現在在野黨的政治家們應該誠實地承認這一點。然而，在野黨政治家們似乎一直根據自己的時代使命扮演自己的角色般地，高喊政黨輪替才是生存之路。他們肯定會成為新的執政勢力，但我希望他們具備能夠真正反思自己的時代使命的廉恥。

現在，為了改變這個社會，重新掌握權力的在野黨政治家應該做什麼事情呢？首先，應該反省自己過去與執政黨一起安於在野黨的既得利益，還要承認自己的能力不夠。更進一步說，在野黨不應該忘記，自己並不是靠自己出色的能力來掌握權力，而是靠著因執政黨無能腐敗而奮起的國民之力，才站到了這個位置上。在野黨應該要知道國民是以什麼樣的心態將部分權力委任給他們的，國民覺得雖然在野黨略顯無能，但仍希望在野黨能夠表現出真正的領導人品格。只有掌握權力的人自動自發地脫胎換骨，大韓民國的未來才能改變。

第三章　選民：我們是誰

主人和奴隸

我們現在生活在什麼樣的時代？我所面對的問題、我生活中需要解決的問題是什麼？我如何認知現在的情況？還有，我是誰？

當然，也有些人也沒必要煩惱這些問題。那樣的人是主人還是奴隸？乍一想，好像是「主人」，但不必為頭疼的問題而煩惱的人，實是「奴隸」。

奴隸的特權就是不需要考慮自己的生活問題。他們只為買麵包的錢發愁。如果某個瞬間自己只想著錢，那麼有必要回顧一下自己是不是在作為奴隸生活。

有些人相信，只要賺很多錢，自己就會成為主人，但有錢的奴隸不過就只是富奴隸罷了。結果，富奴隸認為自己是富人，氣焰囂張，而窮奴隸卻把自己的貧窮歸咎於「土湯匙」。如果奴隸不承認自己是奴隸，就跟不承認自己是做富人家的狗還是做窮人家的狗之間的差異的情況一樣。在這種情況下，當被問到「你的欲望是什麼」時，你會苦惱很久之後，吐露這句話：

「哎呀，你幹嘛問這些傷腦筋的東西啊？」

他們不會承認自己是奴隸。結婚的時候也一樣。到了適婚年齡，人們一般會煩惱「會和什麼樣的人結婚呢？」此時，跟那個人結婚後，若把那個配偶當主人、自己作為奴隸來生活，這樣想就很方便了。無論是男人還是女人，都一樣。

最近已婚男性無論實際作為如何，嘴上總是說妻子是主人。就算嘴上這麼說，實際情況是這樣嗎？奴隸的特性就是當面服從，背後卻說三道四。如果這個情況被顛倒過來，在外面說是妻子的奴隸，在家裡卻以主人自居，那麼夫妻就會不斷吵架。

煩惱是人類的特權。如果不煩惱，也許當下會很舒服，但從長遠來看，生活會變得困難。尤其在選領導者的問題上，「我不想知道，也不想思考」的思維，就相當於間接幫助自己不支持的人。

為什麼期盼英雄而自己卻成為奴隸

有一天，一位公民問我這個問題。

「國民為什麼期待一個英雄化、神格化的政治人物呢？政治人物不過是國民賦予權力，委託工作的存在而已。如果把企業比喻成國家，股東是國民，政治家身為受僱的經營者，應該做國民命令的事情。但到目前為止，那個受僱的職員一直逼迫股東，把他們像僕人一樣使喚，這類情況仍層出不窮。相反地，美國國民以各種方式向政治家提議自己想要的政策。過去在草原上流浪的遊牧民族經常會認為應該以英雄為中心團結在一起，但是在被稱為民主共和國的大韓民國，為什麼國民的心理狀態會轉變成：期待某個政治人物像英雄一樣出現，痛快地一舉解決自己的問題呢？」

人們之所以希望英雄般的人物出現，去解決自己的問題，是因為認為自己無法解決自己的問題。所以期待出現神一般的存在來替我解決問題。對依賴或向超凡者祈禱的人，內心就是這樣解讀的：

「總覺得自己好像哪裡吃了虧。但是，如果我表達這種想法，說不定會被背刺，可能變得危險。我必須要一邊看風向，一邊尋找不吃虧的出路才行。現在只要安靜地待著，按照指示去做就可以了吧？」

一言以蔽之，就是「袖手旁觀，坐享其利」的心態。不管怎麼樣，只要盡可能、不勉強地堅持並遵循指示，說不定就能過上一般人家水平的生活。這種面對生活的心態，和奴隸、殭屍一樣。有這種心態的人認為，與其自行判斷自己的所做所為和自己的角色，還不如誠實履行某人的指示，才是正確的人生道路、正確的做事方法。例如，按照朴槿惠的指示認真處理崔順實的私人事宜的安鐘範和禹柄宇等人，以及根據校長的指示主導崔順實女兒非法入學的梨花女子大學教授們，這些人都是以這種心態努力做事的人。因為他們相信自己並非自己生活的主人，而是覺得，以奴隸的心態生活，就能過上好生活。

其實，以奴隸之心生活非常方便。「不太需要動腦筋，只要沒什麼大意外，能混就混」，這就反映了奴隸的心態。奴隸唯一希望的，就是遇見非常出色的主人。因為奴隸認為，如果侍奉優秀的主人，自己也能過上好日子。即便自己是奴隸，但只要遇到好主人，從中獲得一些權力，享受一些奢華，也會感到自豪。權貴家中的管家，仗著主人的威勢，狐假虎威，這種情況與奴隸的心態沒有什麼兩樣。朴槿惠政權時期廣為人知的「十常侍」和「門把手三人幫」[1]等用語都如實反映了奴隸的心理。

我們內心為什麼會產生奴隸心理呢？因為雖然身體生活在二十一世紀的民主共和國，但日常的思考和行動卻與王朝時代沒什麼兩樣。政治，特別是韓國人看待權力的意識，在王朝體制和日本帝國主義強佔時期之後的一百多年裡，並未發生太大變化。至少，一個明顯的現實是，直到三十六年前都仍然存在著軍事獨裁的時代。當時的記憶和經驗留下了「只要發出你的聲音，就會神不知鬼不覺地死去」的人生智慧。在民主制度因「民主化運動」而紮根在這片土地的三十六年後的今天，韓國國民仍然沒能享受到成長為「公民」所必需的教育與經驗。反而學會了在日常生活中經常聽話、認為服從或聽從別人的命令等於善良正直地生活。

善良正直地生活並不是壞事。但如果把服從上級指示或命令定義成「善良的人」或「正直的行動」，就會引發很多問題和矛盾。因為這不是過自己的生活，而是按照某人的要求，過著拋棄自我的生活。這通常被稱為「苟且偷生」。無論遇到多好的主人，奴隸終究是奴隸。要想離開這裡，就必須經常詢問自己為了什麼而生活，並保持清醒。

1 譯註：「十常侍」指的是圍繞在朴周圍的側近們，在朴擔任國會議員期間便已關係密切，朴入主青瓦臺後更擔任要職、干政。其中「門把手三人幫」（總務秘書官李在萬、第一附屬秘書官鄭虎聲、第二附屬秘書官安峰根）最為核心。

奴隸們做的一些「好事、正事、大事」

「好事」和「正事」的標準在於行為本身，而不是取決於某人行為，不管那個人是流氓黑道的小嘍囉，或是總統還是部長的輔佐官。並沒有所謂絕對的「好行為」和「正確的行為」。朝鮮王朝末期，李完用[2]作為總理大臣，為了把國家交給日本而充當走狗，為日本努力做「好事」。當然，即使他沒有為日本做「好事」，朝鮮也會成為日本的殖民地。但如果主要大臣們拒絕充當日本帝國主義的走狗，國家就不會如此荒謬地滅亡。

現在這種事也比比皆是。例如，因「朴槿惠—崔順實門」被逮捕的人們，他們詳細記錄下來的數十本業務筆記和數百個錄音文件，證明了這些人作為朴槿惠的走狗做了很多「好事」。

外國資本家集團想要奪取韓國企業，需要得到誰的幫助呢？要聘用很聽話而且乖乖做事的法務法人精英律師。雖然不能將他們的行為與出賣國家的李完用相提並論，但在國際投資基金Lone Star收購韓國外匯銀行的過程[3]，以及三星物產和第一毛織收購合併的過程中[4]，積極參與美國避險基金Elliott Management各種活動的人們，其行為與李完用有何不同？這著實令人懷疑。

對於崔順實收受三星賄賂的調查結果令人驚訝。因為負責管理國民年金事宜的國民年金公團並非為了國民，而是幫三星的繼承人做事的事實被曝光。他們都是站在各自立場上乖乖地做「好事」的。但這是在奴隸和主人的關係中工作時出現的典型問題。

「加濕器殺菌劑事件」[5]是有奴隸心理的人變成加害者的代表性事件，也是令人心痛的事件。二〇一一年以後，隨著受害者和公民團體的起訴和告發接連不斷，生產並出售加濕器殺菌劑Oxy Ssak Ssak的利潔時韓國分公司（Oxy Reckitt Benckiser），把「金&張法律事務所」推為法律代理人。擁有七百多名律師、國內最大規模的金&張法律事務所，也是擁有最高勝訴率的律師事務所。事件發生初期，金&張法律事務所表示很難相信政府的調查結果，並將加濕器殺菌劑Oxy Ssak Ssak的動物實驗委託給首爾大學研究

---

2 譯註：李完用（一八五六—一九二六），朝鮮王朝末年的政治人物，被認為是親日派、「賣國賊」。

3 譯註：韓國外換銀行是南韓唯一一家外幣兌換銀行，成立於一九六七年。二〇〇三年，由於亞洲金融危機爆發，美國私募投資基金Lone Star出手收購該銀行。然而日後Lone Star出售股權過程中，卻爆出低價收購、操縱股價等非法手段，而遭韓國檢察單位進行調查。

4 譯註：根據南韓特偵組調查，二〇一五年三星物產與第一毛織工業合併的過程中，三星少東李在鎔疑似行賄崔順實，使朴槿惠向身為三星物產大股東的國民年金公團施壓，投票贊成合併案。

5 譯註：二〇一一年，連續有多名孕產婦因使用「加濕器殺菌劑」而造成急性肺病致死，引發社會恐慌。據統計，死亡人數超過兩百人，此事件並有「家裡的歲月號事件」之稱。

機關。接著，金&張法律事務所主張，出現了與政府調查相反的結果，並向法院提交證據。法院以此為根據，慫恿原告（即受害者）與利潔時和解。

加濕器殺菌劑受害者及其家屬無法反駁國內首屈一指的金&張法律事務所律師的主張與首爾大學教授們的研究結果。幸運的是，隨著國民對研究結果的關注越來越大，金&張法律事務所要求大學研究團隊扭曲和假造研究結果的消息也隨之流出。但是，那些律師沒有受到任何處罰。這一事件使人聯想起在古羅馬劍鬥競技場上，奴隸作主，屠殺或拷問其他奴隸或猛獸的情況。

並非只有普通國民以奴隸之心生活。自稱為「為正義而戰」的法律專家、政治家、高層公務員，都根據「由誰來作主」，不知不覺間自動自發地做出如同奴隸劍鬥士般的行動。

人們常說，政治家和高層公務員應該為國民，為公益工作。但是高層公務員本人可以這樣說：

「要想成為高層公務員，必須努力學習、通過考試，之後為了晉升還必須付出巨大努力。雖然辛苦，但我還是努力挺過來了，一直走到現在，也應該得到回報了。」

看到身居高位的公職人員，我們就會想「那個人是有能力的，所以才登上那個職位，享受那種待遇」。這與朴槿惠所說的，「父親非常好，當然有資格當總統」，並無不同。

個人靠自己的努力過上好日子是沒有問題的。但是，當一個處於公共地位的人認為其地位是靠自己的能力獲得的時，反而會產生一般國民為他工作的情況。也就是會產生國民們「為了保障他們了不起而且又有模有樣的威嚴和地位」而努力地籌措資金的情況。當然，這樣的人很少表達自己的這種內心。然而，心理學家每次見到他們時，都會直視他們的內心。的確偶爾也有不是這樣的人，但是我們看透了他們內心，很多都是沮喪灰心的。

疾病患者越多，醫生的存在價值就越大，但並不是說醫生惡意利用了這個矛盾或認為這是理所當然的。如果醫生關注如何讓更多的人患病，那麼他不會是醫生，而是人類屠夫吧。

雖然政治家和高層公務員的英語是「公僕」（public servant），但事實上他們只熱衷於填飽自己的「空腹」[6]。因此，在我們眼裡，他們是為自己的利益而行使權力的

6 譯註：韓語中「公僕」與「空腹」同音。

人。因為表面上履行公共職責，實質上是濫用權力來謀取個人利益，甚至對他們來說，做這些事似乎沒有什麼罪惡感。

誰讓他們變成這樣？那就是以奴隸之心生活的國民。這是以服侍主人的心情，把這個國家的重要決定交給政治家和高層公務員的國民所做的事。

他們讓什麼都不會的橡皮圖章朴槿惠擔任總統職務。那麼朴槿惠和他們是什麼關係呢？我們可能會指責崔順實、金淇春、禹柄宇、趙允旋是耍弄主人的奴隸。可是他們都說這是「為了主人」、「因有主人的指示」。朴槿惠卻說「不知道」他們所做的事情。這種關係應視為「奴隸仲介及其受害者」，而不是奴隸或主人。在韓國社會，被指責為「朴槿惠及其依附者」都可以比喻為「奴隸仲介商」。因為他們是把國民當作奴隸，並似乎把自己視為主人一樣，來獲取自身最大利益的人。

既然都已經摔倒了

我們現在生活在歷史現場。現在傀儡當總統的情況是今後數百年，不，數千年的後人都會不斷使用的創作素材。就像古裝劇和電影至今仍在描述「女王」統治的新羅時代一樣，子孫後代將銘記今天的歷史。

即使是現在，我們知道看起來健全的總統是個傀儡，所以我們應該自己糾正錯誤。但也有對此感到害怕的人，因為他從來沒做過這種糾正錯誤的事。因此，偶爾有人這樣問：

「應該是國會議員該做這些，而不是我們吧？」

然而，如果我們不能認識到這是我們自己改變的機會，我們只能繼續面臨同樣的問題。

國會議員們真的是能代表民心做事的人嗎？無論是執政黨還是在野黨都一樣，我們必須時時刻刻緊抓這個問題：

「國會議員是為了什麼在實踐『國會議員』這項政治活動的？」

以前，我曾經分析過三百名國會議員的心理。許多國會議員的心理都是以企業高層管理人員的心態在工作。如果是那種程度的高層管理人員，會聽誰的話呢？當然是提名他們的人。也就是黨主席或總統。總而言之，他們不是搞政治，而是作為國會股份公司的高層管理人員，看老闆的眼色行事。在這種氛圍下，對自己現在所做的事情拋出「我們現在為誰做這件事？」或「我們為什麼存在？」這類問題的人，在組織上很容易被孤立或被貼上「反骨」的標籤。

當時研究三百名國會議員心理的目的是尋找被孤立的反骨國會議員。當時我並不是想幫助那種國會議員個人，而是希望透過宣傳那種國會議員的存在，尋找可以改變國家的道路。此研究在李明博時期進行，不過可惜的是，沒有找到我想要的人，連一個也沒有。所以當時我想：「短期內國家處境還是會很艱難。」

現在韓國經歷的國政壟斷事件，其根源未必要追溯到很久以前。出發點就是總統盧武鉉的逝世。民主制度不但改變現有秩序，同時要追求各自的變化。盧武鉉為了實現這一目標付出了巨大的努力，但卻未能說服國民並得到共識。他活著的時候，如果他喊著「變化」，更多的人會說「你是在說什麼？」直到他去世之後，才得到人們的共識。

現在我們雖然很痛苦，但既然已經摔倒了，就應該讓血好好地流，並把這痛苦深深地銘記在心。我們虛幻的期待已經全都破滅了，但倒不如說我們這一代人經歷的是一種幸運。如果不想把這種痛苦留給下一代，我們就要經常捫心自問：

「我該找什麼樣的人？我應該對那個人有什麼期待？」

我們成為替罪羊的原因1：奴隸心理

新聞主播幾乎不會說出自己的想法。被視為國民主播的孫石熙並不是傳達自己的想法，而是努力盡可能地傳達事實。除了他，其他新聞主播則是盡可能地傳達上級所要求的事實，兩者的區分涇渭分明。

我們生活在極其扭曲的言論環境中。因為孫石熙擅於拋出尖銳的問題來進行討論，人們卻覺得「這樣的人很少」並感到很驚訝。然而，像CNN這樣的美國頻道裡，主持人進行討論是理所當然的。但因為我們總是看到按照既定劇本朗讀的播報，所以當主播稍微拋出問題或回答時就會感到驚訝。

孫石熙忠實於媒體人的基本角色在「如實傳達事實」。在大韓民國如此不像話的媒體環境中，這一點與其他媒體人明顯不同。當然，其他媒體也有不少「如實傳達事實」的人，但幾乎全部被趕出去，自己開起獨立媒體，或者從事其他活動。

其中也有人說，要想生存下去，就很難按照自己的想法去做事。他們意思是，只有經濟獨立作為後盾之後，才會有信念與堅持。那麼，三星集團少東李在鎔是因為沒有經濟後盾，才不能表現出自己的信念與堅持嗎？金武星[7]是因為沒有經濟後盾，才表現出得如此卑躬屈膝嗎？是小市民離開自己的位置比較容易，還是某種程度上處於不錯的位置的人離開自己的位置比較容易？如果失去的東西太多，就會變得很難放棄自己的地位。在朴槿惠手下工作的李貞鉉、金武星、黃教安、趙允旋怎麼樣呢？我們假設他們失去了支持基礎，就等於失去一切好了。那麼，前梨花女子大學校長怎麼樣呢？她一定覺得，讓鄭維羅（音譯）[8]錄取梨花女子大學，就可以期待崔順實給自己好處，或許她想要的就是校長以上的地位。她認為李明博—朴槿惠體制[9]的政府不會垮臺，還把朴槿惠視為能讓自己狐假虎威的後盾。金武星和李貞賢也是如此。

不能按照自己的信念發揮的自己的作用，難道真的是因為擔心吃飯問題嗎？還是因為你不知道按照自己想法過的生活是什麼？其實很有可能是後者。這肇因於，他們在心態上不知道按照自己的想法生活是什麼，以及，他們正以奴隸的心態生活著。但如果他們把自己當成「奴隸」，心裡就會不舒服，所以只能認為自己扮演著身為家父長和社會成員的光和鹽[10]的角色。

當每個人在思考自己所做所為是對還是錯時，都會感到不自在和掙扎，但還是有必要思考一下「我做的事情是對還是錯？」一般我們都會覺得，自己在社會上的地位沒有很高，也不是個多了不起的人，所以覺得自己的角色並不重要。把工作只為了生計當作藉口，自我設限，所以沒有必要追究到底什麼是對什麼是錯的，只要做好自己應該做的事情就可以了。這個，就是奴隸心理。

有人可能會覺得「奴隸」這個詞本身很不舒服，但不管是否真的處於奴隸狀態，它很明顯地就是心理上奴隸狀態。被特別偵察組傳喚接受調查並陳述：「我是根據誰誰的指示行動」的人，無論身處多麼高的位置，都只是按照主人的意思行動的奴隸。

大眾在光化門廣場舉行燭光集會時，某企業社長這樣對年輕學生說：

「好好做你們該做的事。你們只是不想念書，才跑出來的吧！」

這句話和「你就是個平凡的學生，給我像奴隸一樣好好地努力地做你該做的事情」的意思相同。也就是說，雖然作為社會的主人，卻沒有表達自己感受的必要或權利。

---

7 譯註：金武星（一九五一—），韓國國會議員（十五屆至二十屆），朴槿惠所屬政黨新世界黨的前黨魁，曾替朴槿惠助選。二〇一六年底退出新世界黨，與其他政治人物一同創立正黨。

8 譯註：崔順實女兒。

9 譯註：指二〇〇八至二〇一七年，李明博到朴槿惠的保守主義政府體制。

10 譯註：典出聖經，光和鹽原指基督徒應該宣揚福音，活出神的樣式。此處應是反諷，指奴隸對自己的聽命行事沒有自覺。

在組織生活中，奴隸和主人的思考也自然而然地出現。

「上班的時候，把靈魂留在家裡再來。」

這就是典型主奴關係中會出現的奴隸想法。根據我所從事的工作量，和根據投入時間和能力得到相應的補償，這是一般僱傭關係的規則。但是我們從某個瞬間開始，就理所當然地相信，我們應該要忠於組織和社長。很明顯，我們雖是二十一世紀民主共和國公民，但卻把封建制時代的領主和農奴關係當作行為的倫理。年輕人把就業考試稱為「成為公奴和私奴的準備」也並非空穴來風。

曾經有一段時間，高層公職人員把自己形容為「沒有靈魂的存在」，也許他們經過朴槿惠政權後，會真切地體驗到自己是權力的奴隸。當然那是以奴隸自居的生活。至少，作為公務員，應該堅守自己的靈魂，成為國民的奴隸，而不是成為權力的奴隸。這是我們所期待的公僕的角色。

很多人說，要想在組織中生存下去，必須盲目地遵循組織的要求。這種信念是成長在韓國的人們自然而然學習的社會化過程。在不知道什麼才是在組織中生存的「絕招」的情況下，封建制度的生存方式被當作大智慧一樣傳播，造成了這種結果。這不是「做得好，做得不好」的問題。問題在於，人們認為「表達自己的想法並與他人共享」是危險的。人們只是把這種想法包裝成「要想養活妻兒，我必須更保持安靜」的信念而已。

我們成為替罪羊的原因2：教育和言論

據說，在亞洲金融風暴時期，有個外國人覺得韓國人很神奇。因遭遇解雇而離開公司的銀行職員，給同事們留下了一則訊息：「希望大家為公司努力工作，這家公司能發展得很好」看到這些，外國人問：「韓國人為什麼在自己被趕出去的情況下，還期待公司能發展得好呢？」有人將此解釋為國家主義。意思是，這些人期待著：雖然我被解雇，但是反正這家公司是韓國公司，這樣也對創造工作機會做出貢獻，總有一天我也會從中得到利益。

從某種角度看，北韓人和南韓人的行為似乎相仿。兩邊的人們都似乎以奴隸仰望主人的心理生活。南韓雖然比北韓自由，但是在學習量和熱情方面來說，北韓和南韓沒有太大的差異。北韓外交官和南韓外交官見面時，聊到最苦惱的問題就是孩子的課外教育。反而北韓比南韓更加苦惱，甚至結束外交官生活回到北韓時，非常苦惱怎樣才能好好地教育孩子。

然而，那個教育的結果是什麼呢？

韓國雖然看似自由地接受教育，但它並不是在教育人要自己思考並清楚地表達自身意見。南韓和北韓都習慣於「被動地接受主人給予的，並用報答之心忠誠於主人」的教育。如果有人不想忍受那樣的情況，別人就會說「離開地獄朝鮮（Hell Joseon）吧」。

在表達並共享自己想法的能力上來說，也許南韓教育不如北韓。因為北韓鼓勵人們積極參與獨裁權力偶像化的活動。有趣的是，當我與中國人或中東人對話時，發現他們都會好好地表達自己的想法，所以我問：

「不對呀，伊斯蘭教育是壓抑的，中國教育是社會主義教育，你們怎麼能把自己的想法表達得那麼清楚？」

「從小到大，我們如果不這樣做，就難以忍受。所以會讓我們繼續表達自己的想法並進行辯論。」

這句話的意思是，如果不能正確表達自己的想法或進行討論，就不會被認可為有能力的人。這裡所謂的「自我的想法」，恐怕不只是那個人獨特而富有創意的想法而已。總之很明顯地，這是無論什麼想法，只有不斷表達，自己的存在和價值才能得到認可的環境。

某次有人問我「辯論對洗腦教育有沒有效果？」很諷刺的是，沒有方法比辯論更能進行洗腦教育的。在辯論的過程中學習特定的主張或訊息，就會更加確信這一點。我們認為洗腦會透過灌輸式教育實現，可是，不管什麼訊息，灌輸式教學法反而會讓學習者變得被動。在這種情況下，他們是反覆來回直到熟悉為止，毫無想法地接受這些訊息，因此學習的強度較弱。表面上看起來像是習得了什麼，但其效力容易消失。很多在良好環境中成長的韓國年輕人遇到困難時容易受挫的原因也在於此。

像殭屍一樣無條件接受或輕易推崇某個人事物，是因為學習的形式並非強調表達自己的想法和討論。此時，雖然很容易追隨大勢，但是自己的想法和欲望卻無法準確表達。所以，人會根據情況變化而改變主意，並非沒有道理。

服從權威或迴避政治話題也是因為這個原因。實際上，全斗煥為了不讓人們關注政治和社會焦點問題，使用了3S政策，即銀幕（Screen）、性愛（Sex）、體育（Sports）。李明博所採取的政策是「旅行」，朴槿惠掌權後利用最多的就是「吃播」。負責媒體權力的走狗以綜藝的名義選擇了這樣的主題。

我們愈是覺得現實枯燥沉悶，各種選秀節目的登場人物就愈是成為代替我們的英雄。但是，當電視選秀節目把歌唱比賽奪冠過程包裝得好像戰勝巨大逆境取得人類勝利一樣的時候，我們應該看出，這是扭曲這個社會中什麼是重要、什麼是不重要的過程。

不同的心情，相同的行為

在表達自己意見時，為了使對方樂意接受，有時用迂迴或委婉的方式。但是，在對方裝作聽懂或聽錯時，說話方式則偶爾得要直率，甚至有時還有必要像錐子一樣地刺激對方讓對方聽懂。

讓我們想一想，二〇一六年底至二〇一七年初在光化門廣場火熱進行的燭光集會吧。如果國民安靜地坐在各自的家裡，只想著「她會主動下台吧」、「政治家們會主動通過彈劾案吧」的話，國會議員們會不會彈劾總統？答案就是不會。因為，即使各自的想法不同，但忍無可忍跑出來的人民集成一百萬、兩百萬、一千萬根蠟燭，才使政治圈有所行動。

雖然大眾以一千萬個不同的想法之姿跑出來，但卻一致地採取了行動。我想，我們以後還是會像這樣為了一個同樣的行動，以不同的想法站出來吧。

各自的意見和想法不同是健康的。不同本身並不是壞事，甚至，如果能把它拿出來討論就更好了。總之，對朴槿惠政權感到憤怒的民心，即便各自的想法和欲望不同，但仍表現出同樣的行動。

選出某人為下任總統，教育問題會改變嗎？如果換掉總統，能解決財團問題，也能改變媒體的態度嗎？其實只要國民不行動，就不會改變。如果選出後不管不顧，就會變得徒勞，白費功夫。

人們的態度隨著社會而變化且會迅速適應。無論是執政黨還是在野黨，只要誰掌握政權後，社會氛圍發生變化，人們就會跟隨其潮流。然後，這樣的問題當然會抬頭：「這個時候該怎麼辦？現在雖然舉行了燭光集會，但也不能總是這樣，怎麼辦才好？大家都被淹沒在這樣的日常中的話，周圍有變化的時候該持著怎麼樣的想法生活下去呢？應該用什麼方式使想法改變呢？」

「燭光民心」是由朴槿惠倒臺議題裡，將不同的心團結在一起，所表現出來的。朴槿惠下台或彈劾本來就不是整個政治圈的想法。當初一開始的時候民主黨也曾發出「照規矩有秩序地下臺」的聲音。但是國民卻堅持要求朴槿惠下台，這才在國會引發了彈劾。因為國民向國會的政治圈傳達了「請為彈劾積極行動」的訊息。

當人採取某種行動的時候，其基底總是有欲望。在不清楚欲望為何的情況下私自行動，有時候就會不知為何而做。若是這樣，只會徒留後悔。

我們之所以猶豫不決，是因為害怕得不到期待的結果。迫切希望變化，但不努力去改變的原因就在於此。這也是明明知道問題是什麼卻仍猶豫要不要站出來的原因。在這種情況下，明智的做法，就是明確認識到「我是為了滿足何種欲望而行動」。那麼不管結果如何，我們都不太會後悔。

我認為，不管下次選擇誰當總統，不但沒有把握他能夠幫我們解決至少一兩個問題，而且讓我們所希望的新世界出現的可能性也不大。但是，若是在「欲望」的基礎上選擇總統的話，我們就不單單只會後悔和抱怨，至少可以知道這個人是否在滿足我的欲望，是否在行動上有所作為。如果你曾經替正義黨聲援，但在正義黨做的不好時，你能夠打電話去說「你們為什麼這樣？我不再捐款支持了！」或者是你對民主黨有所不滿的時候，就叮囑他們「我是黨員，黨最近怎麼這樣啊？」的話，這就是以主人的心理生活的態度。

今天的我和昨天的我不同

到現在為止，我們在選擇領導的時候，經常會說「因為他（她）怎樣怎樣，所以我覺得他（她）很好」、「因為他（她）是如此如此，所以是個優秀的人」、「他因為那樣，所以不行」，但卻可能從來沒有想過「透過那個人，可以滿足我的欲望」。這是因為韓國人在面對「你想要什麼？」的提問時，被教育得不能明確說出自己想要什麼。如果被問到「你（妳）要喝什麼？」通常都如此回答的吧：

「隨便。」

任何菜單上都沒有「隨便」，但神奇的是，人們還是可以「隨便」湊合著吃。

之所以說這樣的話，是因為我認為韓國最重要的議題是「教育的改變」。在過去的三十年裡，韓國一直呼籲教育的改變和改革，但結果卻持續惡化。這是因為沒有正確認識到要解決什麼問題才能改變教育。

在過去的三十年裡，在媒體、經濟、財團、政治、國防等各個領域都進行了改革或民主化。其實，只要各領域裡有實力者正確認識問題，就能在一定程度上解決問題。

國防問題也是如此。入伍後在軍中遭毆打或霸凌致死的事例，只會增加，絕不會減少。將軍們想解決這個問題嗎？他們不想。甚至有軍人表示，如果發生戰爭，在與北韓軍作戰之前，要先殺死內部的敵人。在這種情況下，士兵們會作何感想？身為軍人，應當接受上司的命令嗎？那麼對於父母的話也要如此嗎？聽父母的話和聽上司的話有什麼區別？軍人就是軍人，所以要有所區別，這就是種不像話的聲音。他們在軍人之前是「人」。雖然我們指出了很多與軍隊、士兵、國防有關的問題，但卻不知道真正的問題。

包括軍隊在內的所有組織成員認為，如果違背上級的命令和指示或對此提出疑問，可能會帶來不利的處境，從而感到茫然不安。所以對不當的指示，別說反抗，連提出疑問都做不到。將指責總統執政錯誤的國民遭到不利的處境視為理所當然，而且掌權者還用權力抑制國民聲音的國家，將會自取滅亡。社會崩潰的最大敵人就是像內部腐敗、喪失責任感、及逃避責任等的我們各自的行動。

據說，美國軍官學校教一年級學生會反抗二、三年級學生的不當行為。我們通常認為，有條不紊地聽從命令的軍隊是最強大的軍隊，但那是常見的奴隸教育騙術。強而有力的軍隊只有在各成員在特定的情況下能夠做好各自的判斷時才會存在，在游擊戰法上更是如此。「像奴隸一樣有條不紊地控制軍隊才能強大」的理論只不過是擁有權威或指揮權的人為了輕易統帥而製造的小伎倆而已。

最好的奴隸教育方式是不讓人思考。

「無條件服從命令！無條件！」

對於教書的人來說，這個方式最方便。韓國教育只會讓教書的人感到舒服，而不會採用教育效果最大的方式，或是只教人學習需要的東西。無論軍隊還是公司都一樣。

三星手機起火事件發生時，雖然花了四至五個月，卻沒有找到原因，這是很令人吃驚的事情吧。此時公司會如何應對呢？把第一個提出問題的人無聲無息地清除掉。因為並非真的不知道，所以消除提出問題的人，對組織才有好處。這麼做誰都不用負責。這就是解決問題的驚人方式。

這也是大韓民國所有組織和社會運作的方式。不是說誰對誰錯，也不是尋找這個國家和社會共同體共同生存的方法，而是大家通過消除潛在的可能對自己造成傷害的事物，把死亡當作生存的方法所學到的東西。這真是一件令人擔心的事。

這種傾向比過去六、七〇年代更加強烈。當然，順從的職場文化比六、七〇年代還少。最近年輕的上班族更加傾向個人主義，自由奔放，會明確表達自己的想法。現在六十幾或七十幾歲的人時常撈叨：在自己年輕的時候什麼都沒有，而且即便懂得不多，還是無條件服從命令，才取得了這種成就，但現在的年輕人卻不聽話，工作也做不好。

他們有一個錯覺。如果說他們經歷的工作複雜性是十，那麼現在年輕人經歷的工作複雜性是一百或一千左右。不像農耕時代只靠勤勞和整齊劃一，現在光是搞懂問題本身就必須耗費百分之九十的體力。當然，如果搞懂問題的話，解決的辦法就很簡單了，因為解決的辦法早就已經有了。

當盧泰愚發表六二九民主化宣言[11]時，即使只有六十萬人參與街頭抗爭，也被認為是巨大人潮，但此次燭光集會的累積人數超過了一千六百萬人。為什麼會這樣？壓迫程度和那時一樣大嗎？難道是因為有手機，信息傳播很快，即使天氣很冷，也有厚厚的外套，是嗎？現在的情況和問題非常複雜，是很難單純地以「這就是如此」的想法去理解的。

我們覺得今天和昨天看起來都一樣，但其實從來都不一樣。昨天的我和今天的我顯然是同一個人，但是如果仔細分析，您已經是經歷過很多變化的存在。變化不斷發生，複雜性也與日俱增。

11 譯註：一九八七年六月十日，韓國爆發大規模民主運動抗爭運動，為避免於隔年韓國奧運會前發生暴力事件，由第五共和國執政當局裡全斗煥欽點的接班人兼總統候選人盧泰愚，於六月二十九日發布「六二九民主化宣言」，釋放異議人士，並同意總統直選、民主改革，最終建立了第六共和國。

第四章　傳統觀念中的政治：告訴你眞面目

是非的真面目1

人們說，不正義勢力應該從公職退去。這時如果問誰是不正義勢力，回答就會是這個國家的既得利益集團。例如在提到「朴槿惠—崔順實門」時，如果問人們朴槿惠為什麼不對，他們就會說她「世越號已經發生了七小時卻還不知道」，一抬槓起來就沒完沒了。如果問「世越號的七小時內朴槿惠是否犯下了死罪」，他們卻又會生氣地說「怎麼能說出這樣的話呢？」

很多人說，自己覺得不好的事物，應該都要消除。但這種人的思考特性是：如果很難自行分辨是非，就乾脆迴避這個問題。如果有哪個誰主張某人不好，那個人就會立即成為該死的、該消失的存在。如同獵殺女巫一樣。如果向他們問道「為什麼」，他們不會去談具體原因，只是說「不好」。照這種邏輯，只要是對自己不好的事情都要消除。因此，被認為是「成功人士範本」的金淇春、禹柄宇[1]在這一瞬間就變成了該死的傢伙。

不只是會迴避問題，如果想要區分善與惡，還想消除所有不好的因素，那麼我們在變革中便會遇到更大的困難。我們不斷經歷這樣的事。當兩韓關係良好時，我們會把北韓看成是需要幫助的同胞，強調一個民族，一個血脈。然而，如果兩韓關係陷入僵局，我們把幫助他們的事看作利敵行為。在這種情況下，掌管兩韓關係的公務員應該把自己的靈魂和身體分開而生活下去。

不只龐大的國家大事，連在一般企業，人們為了生存也要明智地行動以求生存。一般不會判斷事情的好壞之分，而是看上級的眼色行事。人們相信只有順應大勢才是出路，才是對的。

然而有趣的是，當我們被指出是這種樣子時，會非常生氣。對方只不過問「追隨大勢」是否是自己判斷後得出的結論而已。可以肯定的是，追隨大勢的人們通常不確定追隨大勢是什麼，而且在追隨大勢時會感到不安。

愈是追隨大勢的人，愈是渴望「絕對善」。同時要否定我們生活的世界中善與惡共存的事實。

我們常說的「判斷是非」就是「以否定那些我認為是錯誤的，來判斷是非的心態」。在此，沒有能判斷「什麼是對什麼是錯」的絕對標準。只有「我認為是錯的就是錯的，我認為是對的就是對的」的這種主觀標準。因此，我們必須知道判斷是非這件事情，是一種自我欺騙。這就是騙自己的典型詭計，也是一種自我合理化。

陷入邪教集團的人會用這種「自我合理化」來維護自己。在沒有弄清楚是非是什麼之前，我是以「不應該存在我認為不對的東西」為立場。否定所謂的「壞東西」的存在，就是合理化「自己是對的」的戰法。

例如，支持潘基文的人們只說出自己支持的絕對理由，卻從不思考不支持或否定其他對策的方案，以這樣的心態一味相信支持潘基文就是對的。同樣，支持李在明和文在寅的人們也說，支持他們是絕對正確的，不支持他是不對的。由此，他們把自己支持李

---

1 譯註：在朴槿惠執政期間，金淇春為總統秘書室室長，禹柄宇則為青瓦台民政首席秘書。

在明或文在寅，拿來作為自己是對的依據。這是在否定對自己所信的所有質疑，確保自己正當性的心理狀態。

這時，只要一問「你們知道這就是狂熱信徒們的心理狀態嗎？」他們就會陷入恐慌。這與人質對劫持者產生斯德哥爾摩症候群（Stockholm syndrome；此起源是一九七三年瑞典斯德哥爾摩銀行搶劫案，由於在極端情況下，比起討厭犯人，喜歡犯人的人生存機率更高，才產生這種現象）的心理相同。在這種情況下，就失去了判斷自己想法是對還是錯的能力。

在大韓民國選舉總統時，很多人就「支持誰」的問題陷入了這樣的心理狀態。我們會驚訝地發現，處於這種狀態的人，自己支持的人當上總統，無論做出什麼瘋狂的事情，他們都會去相信總統做得好。在這種情況下，如果陷入再也無法維持這種信任的情況，無論出於什麼原因，都會罵自己支持的那個人是壞人。那種事情會一瞬間發生，然後再轉變成把和那個人正好相反的人當作新救世主的心理狀態。

這是在過去的十五年，不，四十年裡大韓民國國民表現出韌性的同時也反覆發生的事情。但我們只要意識到自己陷入了這樣的陷阱，就可以擺脫困境。關鍵是想要去明確認識這種情況的開放態度。

是非的真面目2

有人跟我說，因為「朴槿惠－崔順實門」而感到鬱悶，接著說了這樣的話：

「看到崔順實否認所有嫌疑的新聞後，我有一種撕心裂肺的感覺。為什麼沒有是非的標準呢？明明是1＋1＝2，可是他們卻說1＋1＝1。他們似乎有一套自己的邏輯。在他們的世界裡，把兩個水滴合在一起會重新融為一體，就是真理嗎？問題是，這在另一個世界不是真理。社會分成兩派，互不溝通，真讓人鬱悶。」

作為心理學家，從人類心理運作的方式來看，對有些人來說是1＋1＝2，對有些人則是1＋1＝1。另外對其他人來說，可能就是1＋1＝11。人類的心，就是像這樣各自不同。就如同每個人的臉是獨一無二，每個人的心理也是，我們首先要承認世界如此不同。在此，承認並不意味著它是對的，只是意味著承認它的存在。

我們認為應該把壞的東西消除掉。一言以蔽之，就是想剷除。然而，您是否知道，如果完全消滅在人類體內致病的病毒，使其處於無菌狀態，會發生什麼事情？就會死。同樣地，這個社會要想以有機體運行，就必須夾雜著對錯。

當我們被洗腦成奴隸而被政治家欺騙的時候，會學到要消除不對的東西。這就是控制奴隸最好的思維方式。當然，這樣觀點會立即遭到反駁：

「不對呀，這樣意思是我們即便看到不對的事情，也要袖手旁觀嗎？」

正如教會所說，上帝的世界上並非只有天使，也有惡魔。但惡魔是指天使中墮落的天使。為什麼《聖經》裡會說那樣的話呢？因為只有惡魔存在，上帝才能存在，上帝的歷史才能實現，這就是隱藏在這種心理的核心。但是，去教會聽過這些話的人們不但會追問是非，而且認為應該消除自己周圍的所有不對的因素。可是，惡是連上帝都認可的存在。

人真正需要的是辨別是非的能力和思考，而不是只相信我是對的、其他都是錯的。那是對奴隸之類的人洗腦的思考方式。即使這樣，如果我說要求承認各自有不同的想法，很多人會生氣。

「那麼，你要讓我認同壞人？」

我剛開始學心理學的時候，最讓人疑惑的問題就是這個。因為在我看來，說錯話的人應該受到大家的排斥，但事實並非如此，反而那個人的朋友比我多，好像和周圍的人相處得也更好。

「到底原因是什麼？」

三十年前去留學的時候，我根本想像不到有在北韓生活過的人。當時，一位來自北歐的朋友韓語很流利，所以我問他原因，他說是在金日成大學學習的，讓我大吃一驚。因為我覺得太神奇，所以我再問：

「北韓人不是很有攻擊性？」

現在回想起來，真是愚蠢的問題。但當時我腦子裡，除了北韓人頭上長角，拿著斧子，打死外國人的想像以外，沒有其他形象。我至今還清楚地記得那位朋友的表情。那位朋友的表情完全把我看成瘋子一樣，而不只是傻乎乎的程度。當時我被洗腦的程度太強，忘記了北韓人也是人的事實。

我們需要辨別是非的能力。但我認為，「只有我相信的對才是對，其餘的都是不對的，所以應該消除」，這種則是奴隸的思考。如果以這種方式分幫結派，很容易成為被幫派操縱的人們，也就是說墮落成某人的奴隸，也只是剛好而已。

愛國保守派的真面目

「愛朴會」[2]和爹娘盟[3]揮舞著太極旗，主張自己是愛國保守派。但是，有很多人認為他們「怎麼會做得出那麼厚顏無恥的勾當？」他們明明是使國家形象一團糟的主角，但卻高舉「愛國」、「自由大韓民國」、「保守」等詞語，儼然把太極旗打造成保守派的象徵，對此，人們感到憤慨。

在這種現象的背後，有一種心理，就是主張不是自己的才是真正的自己。這是無視「現實的自我」（real self），卻相信「理想的自我」（ideal self）是現實的心理。受這種心理支配的人，比起承認過去或現在自己所作所為，更會將指責自己錯誤的人視為敵人。他們表現出防禦性態度，甚至攻擊指責自己行為的人。

看到那些高舉太極旗強調「愛國」的人，就會想起過去日本帝國主義侵略開始時打著「愛國」的名號，做出只要給錢就連國家都可以賣了等舉動的聰明祖先。組織獨立協會，努力活動的李完用就是代表性的人物。

當然，他們不會公然說「只要給錢，哪怕是國家也要賣。」在那種情況下，他們也會戴著愛國保守的面具，用最像樣的詞語和口號來包裝自己。

雖然是笑話，但在愛國保守中也有人說保守就是報酬[4]。我們需要錢的時候會直接說「給我錢」嗎？應該是會稍微婉轉地說：「兩張就行。一張也好。」同樣的道理，他們怎麼會說自己出賣國家？又怎麼會說，自己是假借朴槿惠的名義對國家招搖撞騙？他們只不過是打著「愛國保守」的旗號，高舉太極旗，大喊保衛國家。雖然我不想承認，但這是和我們一起生活的一些韓國人的普遍心理。

有人問我：

「那該怎麼辦？」

有趣的是，如果向人們拋出這個問題，人們嘴上總是說著要和解、要團結，可是實際採取的行動卻是鬥爭。這就是為什麼「與日帝殘餘對戰」、「與親北派戰鬥」等說法無處不在的原因。主張愛國保守的人們將自己的敵人視為親北左派或左翼赤色分子，主張民主化或消除社會不平等的人們將自己的敵人規定為日本帝國主義的走狗或既得利益集團。這種心理是相信戰爭時佔領高地會無條件處於比較有利的處境的心理。

與其說我們想知道自己所處的問題是什麼，或者應該擊潰的敵人是誰，不如說我們相信「攻敵為正解」並以攻擊「敵人」為生也說不定。正因為如此，雖然嘴上喊著和解與團結，喊著聯合政府，但也許從一開始就認為那是不可能的事。

---

2 譯註：支持朴槿惠的極右派團體。
3 譯註：標榜愛國和反北韓的極右派團體。
4 譯註：保守的韓語發音和報酬的韓語發音相似。

從某種角度看，政治家的聯合政府主張是天真的非政治行為。這是在分不清自己該戰鬥的敵人是誰的情況下，盲目提出的答案。我們一直在重複這樣的歷史。這被媒體定義為「民意的分裂」、「輿論的二分」、「理念的對決」等，但這些定義都是完全不想知道什麼才是問題的另一種說詞。

那麼，我們應該如何行動呢？如果心情非常鬱悶，可以向自己完全不支持的政治人物捐款十八韓元，也可以不管三七二十一打電話加入之前不曾關心的政黨。懷著不能無精打采的心情，嘗試著各種行動。此時，我們需要知道的是，大趨勢還沒有改變。目前仍然沒有任何改變。而且現在正剛剛開始。我們對於我們要前進的方向，必須繼續商議和討論。我們的認知就像運動鞋帶一樣，中間不勒緊就會鬆開。要充分利用與人相處的機會，凝聚人心，努力正確看待形勢。

高級公務員的真面目

中央政府各部門的高級官員在心理和行為上有相當複雜的問題。像如果是擔任局長或室長的高官，就會煩惱如何在政黨輪替時繼續保持地位。這個時候，他們通常會配合政權的規則和價值取向，明哲保身。

一般認為，從盧武鉉政權過渡到李明博政權時，官僚社會產生了很大的變化。部長級當然會被換掉，室長級或局長級也會受到政權價值取向的影響。然而，中央部會的科長或局長是一群沒有受到政權價值取向的影響而渡過二十年以上公務員生涯的人。唯有管理好他們，統御好他們，新掌權的集團才能成功運營國政。

那麼，公務員會表現出什麼樣的行為、什麼樣的心理？有趣的是，他們在第二天主張與自己昨天所推行的政策完全相反的政策，然後由自己來推進它。這時，我微笑著說：

「局長，您一定很辛苦吧？」

當我這樣問的時候，就會得到這樣的回答：

「這是我們的命運。」

在他們的工作中，比重最大的是迎合掌握政權的人的口味，在此過程中絲毫不能留下被找碴的餘地。對於「為國家和公民服務的公務員」來說，更重要的卻是要保障自己的職業安全和生活。對生活安全的渴望使他們自動判斷此事是不是對自己有好處。曾經流行的「沒有靈魂的公務員」這個形容詞並不是笑話，而是赤裸裸地告訴人們實際情況——這個國家公務員被明哲保身的欲望所束縛，不得不無奈地行動。

遺憾的是，多數公務員不是為國家或國民做事，而是首先以自我保身和利益為標準來判斷如何處事。如果不那樣做，真正為國家或國民做事的話，不知不覺就會變成壞人。這種情況與單純地趨炎附勢和討好政權是兩碼事。

如果成為所謂考試出身的官員，比起想要成為「替國民工作的清官」，他們更強烈地想要得到相應的充分補償，畢竟自己通過了比別人更艱難的考試。向經營公司的朋友收取數億韓元股份的高層公務員就是這樣的人。

他們最大的苦惱是如何長久地待在這個位置上。至少次長級或部長級的人遂行了部長職務後，會以立法委員身份從政，或與掌握下屆政權的人連結，探索自己能發揮什麼樣的作用。這三個集團，即次長級和部長級以及國會議員，基本上已經變成努力建立彼此之間良好關係並自然促進這種關係的團體。

他們在進行公共活動時，以徹底滿足自己的存在感和欲望的形態，充分活用大韓民國公務員這個職位。這和單純花幾億韓元就能得到的位置不同。對他們來說，十億或二十億韓元是已經擁有的了，所以不會做那麼糟的事情。

二〇一六年夏天，酷暑難耐，全國因電費問題民怨沸騰。當時，朴槿惠政權也曾提出應該減少電費，但主管相關部門的部長對此卻置之不理，所以我查了一下那個人的履歷。令人驚訝的是，他在李明博政府時期也是非常活躍的人之一。李明博政府時期他是推動四大江綠色工程[5]的主角，而在朴槿惠政府也是非常有成就的人之一。

雖然後來說將電費下降約百分之三十，但國民不知道是否發生了很大變化。因為說有改變，所以才想可能有些改變了，但國民實際上很難感覺到。這是因為，不管政權是否更替，他們只會假裝已經更改了他們之前創建的內容，並以互相眷顧或者追求利益的心理採取行動。

無論誰掌權，要想改變高層公務員的這種心理是相當困難的。因為他們有自己的規則和方法。

最近我們經常聽到的詞語之一就是「第四次工業革命」。然而，完全沒有與過去成對比的國家戰略改組，僅是將過去曾所說的事情冷飯熱炒，而這樣竟也沒有任何人指責。至少總統應該說：「這是什麼話！別說這些不像話的事情了，把真正的問題找出來！」否則絕對不會改變。

5 譯註：開始於二〇〇八年，針對韓國四大江（漢江，洛東江、錦江、榮山江）進行的全國性治水工程。

國會議員的真面目

國會議員們就「朴槿惠─崔順實門」舉辦聽證會時，出現了無數的發言。當然也有評價認為沒有達到期待值，但是檢方不能公開的事情卻希望由國會議員來公布，這是不適當的。不過聽證會提供了讓國民學到非常重要的東西的機會。

國民是因為期待國會議員能起到什麼作用，才選出他們的。但遺憾的是，現在在全體國民面前，我們選出的部分國會議員並沒有這種能力，甚至他們連問題都問不好。

如果對方說「不知道」，通常應該提出進一步的問題吧。比如一對普通父母，即便孩子說：「媽媽，我不是那樣的」，父母也不會說：「是啊，你不是那樣啊」，而會說：「是啊，你不是那樣啊。但是為什麼這個被打破了呢？最近好像還出現了自己打碎的碗。不有趣嗎？」

「媽，哪有那種碗啦。那是我路過時不小心弄破的。」

這一點雖然是小事，但卻是基本的能力。養過孩子的人誰都做得到。但是國會議員連這個水平都達不到。那些能力不足的人，竟然為了制定法律而坐在那裡，真是令人嘆息。而且國民還看到國會議員與證人事先合謀製造虛假證言，在聽證會上作偽證的事情[6]。

國民得要有多鬱悶，才能把這種稍微準備就能找出來的資料拿到國會議員的手中？國會議員下面都有輔佐官。只要這些聰明的輔佐官們坐下來找一天，就能找到那個程度的資料。但是，無論輔佐官多麼聰明，如果上面沒有正確的指示，他們只能呆呆地打發時間。

北歐國家的政治人沒有繁文縟節，騎著腳踏車，與韓國政治人物大不相同。幾個月前，瑞典的一位部長到鄰國丹麥遊玩時，因酒駕被查到而提出辭呈。最讓我吃驚的是，他是個部長，為何不找司機，自己開車？如果是韓國的政治家，搭配高級車和司機不是理所當然的事情嗎？那也都是國民稅金所維持車輛和司機吧。

最近在韓國的地方自治團體，如果軍人或將軍在非公務時間使用官用車，會引發爭議。十年前，如果有人質疑將軍夫人乘坐部隊用車來購物，就會被認為是奇怪的人。但現在人們不認為道知事[7]或市長的妻子把官用車用於個人事務是理所當然。以前將這些

6 譯註：這裡的國會議員是指當時執政黨國會議員李完永和李晚熙二人。
7 譯註：「道」相當於「省」，「道知事」則相當於「省長」。

視為理所當然的理由，是因為國民從未問過「在這個社會中成功的人應該享受吧？」這個問題。

沒有提出這個問題意味著國民認為這是理所當然的。不久前，一些國會議員曾讓自己的親戚或子女當祕書或輔佐官，引起爭議。既然聰明伶俐，值得任用，那麼用子女還是用親戚，這有什麼問題？看到當時讓所有親戚都離職的報導後，我覺得這和問題的本質是有距離的。

國民清楚地記得，在國政壟斷聽證會時傳喚證人，卻連提問都做不好的國會議員們的臉。反而證人說得很有條理。我們選出的領導人卻表現出了令人寒心的水準。我認為，這給了我們一個機會，讓我們慎重考慮下一步應該選什麼樣的領導人。

在野黨的真面目

朴槿惠粉碎了國民對歷代總統中不會有不正之風的幻想。朴槿惠在歷史上犯下了令人髮指的事情，但在野黨民主黨為什麼卻不能以此為原動力呢？很多評論家認為現在的在野黨太無能了。那麼他們為什麼如此無能呢？他們明明也按照自己的方式想盡辦法的呀。

在心理學家看來，在在野黨工作的人們對權力的迫切性比執政黨弱。更具體地說，現在的在野黨沒有執政黨那麼瞭解掌握權力時的刺激和權力的甜頭。首先就是因為他們經驗不足，自己掌握權力的時候沒有切實體會到那種滋味。意思就是缺乏用權力滿足自己欲望的經驗。

「政治家為了實現政策而掌握權力」，這樣的假定就相當於相信「因為學生懂得知識帶來的快樂而學習」。可能看到過因為學習快樂而學習的孩子？在教育現場教了二十多年的我說出這樣的話，其實是一種慚愧的表白。因為使學生們不能快樂學習的責任在於我。另一方面，我也很慶幸沒有人追究教授和教師讓學生不能愉快學習的責任。這與目前在野黨政治家所享受的幸運相同，情況並無二致。

朴槿惠掌權時，檢方和警方積極出面，對反對聲音施加了壓力。當時包含國家情報院操縱網路留言事件在內等，不正當選舉的嫌疑不斷。但奇怪的是，在野黨沒有提出足夠的問題。很難判斷其原因是要表現出紳士風度，還是害怕遭到政治報復。可以肯定的是，明明有問題，但在野黨還是沒有適當地提出問題。

甚至民主黨也被稱為「well-being政黨」。這意味著人們覺得民主黨是為了自己的安危和欲望才想獲得權力。國民已經看透了最大在野黨想維持既得利益，自己好好過生活。我們察覺到，即使他們是在野黨，但他們自己的位置已獲得認可，並在當前的權力結構下過得很好。

朴槿惠在新世界黨行使權力的時候，民主黨令人驚訝地表現出了軟弱無力的樣子。他們的辯解不外乎是「因為議席少」。在這樣的辯解面前，執政黨抱怨說：「當我們想做點事的時候，在野黨就會扯後腿。」一言以蔽之，他們是只有相互攻擊才能生存的特殊共生關係。

在這種情況下，最可憐的是國民。既袒護這樣的民主黨，擔心「如果他們不能掌握權力怎麼辦」，也擔憂國家。

在過去的九年裡，在野黨一直旁觀執政黨對國政的不負責任和檯面下掌權者壟斷國政的行為。儘管如此，國民們誰都沒去追究在野黨的責任。國民認為，與這個國家的運作有關的錯誤應該由執政黨新世界黨，不，應該由現在換湯不換藥改名的自由韓國黨和正黨來承擔。令人啼笑皆非的是，大多數國民似乎把無所作為的在野黨看作即將擁有掌握權力的正當性，正翹首以待他們的回歸。

現在代表在野黨的共同民主黨獲得建黨以來最高支持，許多人相信該黨的代表將是下屆總統。國民將「政黨輪替」視為擊退邪惡的絕對善。就像沒有盡到責任的教授或教師感到慶幸一樣，對在野黨政治家來說，現在可以說是非常好的情況。現在韓國很清楚地向世人展示，如果能夠好好忍受困境，也能等到美好世界到來的這種沒有規劃、沒有方法的「上策」。

知識分子的真面目

在大韓民國獲得很多知識的所謂「知識分子」，並不是為了對社會做出貢獻而努力學習的。他們努力學習的理由是為了得到自己的工作、賺更多錢，過上好日子。做清潔工，能對社會做出貢獻；做大盜，也能對社會做出貢獻。但是為什麼要求努力學習呢？是因為學習最容易？還是因為學習有趣？這個問題是要讓大家知道知識分子在社會上起到什麼作用、他們的真實身份是什麼的線索。

當你把自己所做的事合理化，並試圖賦予它價值時，最值得包裝的話就是「對社會做出貢獻」。對社會做出貢獻的行動和這個人到底在做什麼，兩者沒有任何關聯。

比如，以教授身份工作的知識分子中，很多人都對自己身為一名學者感到非常滿意。但是他們感到滿足的不是學習、研究和教書。而是滿足於以「教授」的角色享受悠閒的生活型態。他們中有人會想：「啊，研究或學習太沒意思了，難道就沒有賺錢的方法嗎？」或者「哪裡有更好的職務或職位呢？」這和高層公務員用「希望與權力連接」的心態生活沒有太大區別。他們努力去見人，特別是公務員。利用自己的所謂「專業性」賺錢或謀求職位。在青瓦臺扮演朴槿惠忠實管家角色的經濟首席祕書官安鍾範，是教授出身的高層公務員的典型。

如果公務員說：「這個部份請你幫忙一下。」他們會馬上回答：「啊，我會幫你的。感謝你能叫上我。你想要什麼呢？我會按照你的想法去做的。」

用一句話說，他們就是在扮演高層公務員手下的角色。不僅是教授，醫生、律師也一樣。大眾所知，進入官職並不是只有從事特定職業的人才可以做的事情。包括律師在內，從事於專門領域的很多人只要擔任特定職務時，就會努力做一個手下。因此，如果認為在專門領域的人是道德上完美的人，那就是巨大的錯覺。

當然，要想在韓國佔據專業領域的位置，必須通過相對激烈的競爭。因為機會難得，所以進到那些領域的人總想先把自己包裝成道德上很像樣的人。但是真的會這樣嗎？

我們假設三星集團的李健熙會長讓屬下跑個腿吧。

「金常務，這個包裹拿給某人吧。」

「好的。」

接到贈送賄賂的指示，下面的人會說：「會長，這種事不能幹！」還是感謝上層把任務交給自己，趕緊跑去完成任務？這種時候，生存本能總是走在前面。這不是與教授、高層公務員、高層管理人員的職業倫理相關的話題，而是在這個社會甘當奴隸、只要相信「作為奴隸生活是可以過更好生活之道」的人，都可以做的事情。對他們來說，職業倫理是貶低競爭者時使用的藉口，絕不是生活的標準和角色。

例如，在四大江工程中，有一個明確區分提出贊成理論的人和提出反對理論的人的標準。您知道那是什麼嗎？贊成的人收取研究費，反對的人沒有收取研究費。看得出大韓民國學界傾向於收錢的人聽話，不收錢的人不聽話。這意味著著學界相信，如果像在公司一樣聽從董事長的話，就能保住職位，而不聽話就會被趕走。

像這樣，從事專門職業的人也無法擺脫在一般公司工作的白領階層心理狀態，因此無需期待他們會有什麼不同。當然，普通人對於在我們社會具有影響力的特定職業從事者表示期待，是完全可以理解的。但是當我們期待「比我還能發揮五到十倍的影響力的某人，會為我所遺憾或需要的社會問題而努力」的瞬間，我們又陷入了另一個騙局。

金淇春和禹柄宇的真面目

看一個人更應該看心而不是外表。意思是說，要看那個人自己擁有什麼樣的使命，滿足什麼樣的欲望。我相信忠實於欲望的人，不相信不忠實於欲望的人。所以，我說乾脆相信金淇春和禹柄宇吧。這就是說，當他們沒有得利的時候，他們就不會說真話，但當他們可以得利的時候，才能相信他們是忠心耿耿的人。

人們一聽說有人畢業於首爾大學，就會迷迷糊糊地覺得他很「聰明」。還有，人們認為有好官位的人「會很優秀」或「一定有值得那樣的理由」。曾經人們認為潘基文因為曾擔任過聯合國祕書長，所以期待他當然會做好政治工作。

禹柄宇比別人更早出人頭地，以有錢的岳母家為後盾，努力將自己的公職用在岳母家的發展和積累財富。可以的話，他會盡可能獲得更高的權力，尋求更加享受自己影響力和權力的途徑。您想要這樣的人生嗎？還是想要真的把自己的公職用在為人民服務上，如果自己侍奉的人做得不好，就會提出反對意見，並且如果這個意見得不到接受的話，您願意大膽地提出辭職的這種人生呢？

諷刺的是，我們之中有百分之九十九的人希望像金淇春和禹柄宇一樣的生活。

在首爾大學法學院接受過最高教育的金淇春和禹柄宇確實學到的是：具備漂亮的資格和條件，是為了成功和出人頭地。為了守護自己和家人的安定，如果有必要的話，他們會大膽地做出給別人造成損失或昧著良心的選擇。權力的象徵，像是檢察機關、國會、青瓦臺，都是這種學習發揮威力的集團。

禹柄宇表示，在離開檢察機關後做律師時，自己受到的待遇和以前不同，所以感覺被侮辱。他可能把在青瓦臺為總統工作當作洗刷過去恥辱的好機會，並且他還知道，總統在青瓦臺是作為某人的傀儡行動，而且自己做的事情最終都是為了有錢人，才在「玩弄權力」。然而，因為他相信那樣生活就是成功的人生，所以不會認為自己在出賣靈魂。他可能是誤以為已經完成好交付給自己的任務而感到滿足。

對禹柄宇和經歷過類似生活的人來說，道德標準就是將權力的生理內化。這些人很難自我承認或反省自己的錯誤。他們不斷地尋找和追求另一種權力。這是那些相信在這個社會讀好書並獲得最高職位就是成功的人的共同特性。不論手段和方法如何，不掩藏手段地達成目的是他們生活中的訣竅和生存策略。

如果金淇春和禹柄宇覺得有什麼不對勁，那就是他們該要面對，就是他們相信「自己就是答案」的想法和行動不再自然發生的時候了。說不定他們已經處在那種心態也說不定。他們現在能做的，就是乾脆不去意識自己所面臨到的問題，或者是更加否定現實。在國會聽證會或特偵調查中，他們不斷說「不知道」、「不記得」，一方面否定自己的犯罪行為，另一方面尋找生存可能性，這是他們做出的淒涼的眾多努力中的一環。

雖然現在金淇春和禹柄宇成了國家的恥辱，但是他們也是很多人嚮往的人生主角。他們受過韓國最高的精英教育，還登上了最高層公務員的位置。即便是批評金淇春和禹柄宇「連國家都出賣的人」的那些人，他們可能平常生活的時候在心裡也覺得，只要自己或自己的孩子登上那個位置，就「沒有遺憾」。聽到這些話，一定有人心裡不舒服。但想好好地生活、比別人活得更好，是我們所有人「矛盾」的欲望。

精英的真面目

朴槿惠最大的罪過就是沒扮演好總統的角色。但是從朴槿惠的立場來看，當總統只不過是回到自己曾經生活過的家而已。而且她非常感謝讓自己成為總統的崔順實，替她做了所有棘手的事情。即便是教授，若有人能替他撰寫論文或書，或是替他授課，那也會是一個好位子吧。如同公司的董事長或高層管理人員看起來像是做出重大的決定一樣，事實往往並非如此。他們只是假裝在苦苦思索，其實事情都是他們手下的人做的。而且他們自己也會享受從職位獲得的所有好處。

在大企業的高層管理人員中，能有多少人自己製作自己的簡報資料？雖然罕見的極少數人會自己做，但大部分人都只能對著部下們做的資料照本宣科。將一切交給下屬，自己則是擺著一副架子，這才是支配大韓民國的精英集團的能力。如果針對要拿來發表的資料展開討論，他們對內容的理解程度就會明顯下降，這容易就會暴露出來，但我國的組織文化裡卻不提倡討論。

我們必須思考這樣的企業、國家是否具有競爭力，這是一項基本課題。

大企業會長也一樣。他們也是在演講時，看著別人寫的講稿唸唸的水準。就崔順實干政國政監查聽證會進行對話時，上TV朝鮮節目的一位評論人這樣說：

「李在鎔會長第一次在大眾面前露面，很多人都想知道他是否具備領導三星的資質。或許應該有很多人，光是看到這麼長時間的答覆，就覺得他工作會做得很好。」

我聽到這話後非常吃驚。看到李在鎔那種說了等於沒說的回答，就評價他做的很好，這像話嗎？反而我認為其實很多人擔心這個組織。說不定那位評論人就是三星獎學金獲獎人出身也說不定。大眾有著「原來大韓民國的領導沒什麼能力呀」這種印象的可能性很高。

我們應該要非常感激「朴槿惠—崔順實門」的爆發。如果不是這樣的機會，我們什麼時候才能如此赤裸裸地洞悉他們的素顏呢？

即便如此，這並不意味著朴槿惠和崔順實的罪過會減少。朴槿惠的罪是沒有做到總統該做的，只是玩玩總統的角色扮演，這分明是詐騙。在檢察機關和特別偵察組（特偵組），比起詐騙罪，更重視受賄罪，但我認為她更大的罪是詐騙罪。

進步—保守爭論的真面目

有人問我這個很有意思的問題：

「雖然我們經常說進步政權和保守政權，但是我在想，大韓民國的政治家和全體國民中真的存在進步派嗎？為什麼在韓國社會，好像感覺若是追隨從李承晚以降的既得利益者，就會被指為保守派，而如果指出那個人的錯誤，就會成為進步派？而且為什麼一談到這些東西，人們就會不喜歡或者煩躁呢？」

仔細想想，大韓民國的政治集團都屬於「保守派」。儘管如此，之所以自稱「進步派—保守派」，是因為他們需要以「進步—保守」的框架來區分我方和對方，並攻擊對方。除此之外沒有其他的理由。我們從政黨之間的選舉政見中幾乎感覺不到差異，這一點就是證據。

在韓國社會，如果我說出想用怎樣的方式過自己的生活的話，就會很常聽到有人說我驕傲、自以為是，或者指著說我哪裡錯了。這就是韓國人心理的基本傾向。「一般都認為就是那樣」的事情叫作「通念」，但是如果說出和「通念」不同說法的人，通常都會感到不舒服或不安。因為我們被教育成不能那樣做。

有人說這起源於儒教傳統，但事實並非如此。這種教育內容是日本帝國主義強佔時期誕生的。在儒教傳統中，孔子一旦講什麼話，學生們就會提出很多問題，從而實現教育。於是乎孔子鼓勵提問的學生說：「你會問這個問題，你真的成長了吶。」換句話說，儒教傳統認為向老師或有權威的人提問是理所當然的事情，但是這在殖民地教育裡完全變成了處罰對象。

有些人問道，在韓國是不是一定要從兩邊選一個？自己想擺脫保守和進步的框架，以生活為中心去判斷是非，但是如果討論到李承晚和朴正熙的問題，右派就會大鬧起來；如果講起對進步派的偏見，就會被貼上右派的標籤而受到集中攻擊。

不屬於某一方集團的人被稱為灰色分子。在過去的二十年裡，我就是這樣生活的，十多年前，我被稱為新自由主義者，但時代一變，我就被稱為左派親北勢力。實際上我沒有什麼變化，但外界眼中的我卻是自由自在不斷變身的存在。

不論是殖民地時期還是軍事獨裁時代，當然，即便到了兩千年代，我們的教育還是將「生存」作為最大的價值。也就是說，我們生活在一個以生存至上為原則的社會中，以生存包裝成每個時期的主要意識形態或價值觀念。因此，說出符合當時支配性價值、理念和意識形態的話是好的，但是說出一點點和那些不一樣的話就會遭到攻擊。像是被指謫為不滿勢力，甚至赤色分子、保守白癡的攻擊。

人們彼此的想法肯定不同，但在我們社會，不同的想法很難得到認可。為什麼會那樣呢？這是因為人們處於一種「是不是有人要搶走屬於我的東西？」的不安感，或是以受害者意識生活著的心理狀態。應該想想怎樣才能不陷入那種心理狀態，那才是有意義的。

法律的真面目

您看過法律實現正義了嗎？在大韓民國，彈劾朴槿惠問題爭論不休，至今未停。很明顯，朴槿惠是受到法律正義審判的對象，但誰都不承認法律實現了正義。

「憲法法庭引用彈劾，朴槿惠離開了青瓦臺，正義終於實現了。」

「不，必須把她抓進監獄裡，才能實現正義。」

「不，只有朴槿惠在監獄中死亡才能實現正義。」

這說明在韓國，連正義的實現都不容易獲得人們的共鳴或共識。也許正義一直在這個國家實現，也可能完全沒有實現。那不是遵循一個什麼樣的法律條文，而是取決於「我會把什麼看成正義」。

正義是什麼？一般到法學院可以看到正義女神的塑像，她手上拿著天秤，雙目被布帶蒙著。這就是正義。正義女神蒙住眼睛，意味著正義不能被特定的個人或集團所左右。這也意味著正義並不代表「絕對善」。

秤是平衡的存在。西方所說的正義，核心概念是平衡。在《正義：一場思辨之旅》中，邁可．桑德爾（Michael Sandel）這樣說：

「在一個社會中如何平衡？人們各自擁有的欲望不同，滿足這些欲望的方式也不同，在這個社會中，如何讓不同個人的欲望達到平衡，這就是正義。」

邁可．桑德爾舉出許多例子來說明正義的真面目。如果我認為已經實現了平衡，但秤卻傾斜了，我看得見嗎？不。那該由誰來取得平衡呢？古羅馬人主張應由法律來維持平衡。這就是法律存在的理由，也是他們把正義女神當作自己的精神象徵的原因。

我們把調整平衡的人稱為工程師。實際上，古羅馬人就是偉大的工程師。請看羅馬那麼多的街道和建築物。古希臘人試圖從人文學上理解人類，而羅馬人則專注於征服和建築。所以，羅馬人對學術發展幾乎沒有做出貢獻，但唯一例外，就是法律。

首次制定大韓民國憲法條文時，是以日本的法典為基礎起草的。因為在日本讀書的人掌握了大部分韓國的知識。不管是誰，在做某個東西的時候，都會以自己知道的東西為基礎。之後逐漸接受美國法、德國法、法國法進行修改，成為今天韓國的憲法。

我們傳統觀念的思考是，政治問題應該由制度或機構而不是個人來解決，而且相信法律或制度與政治密切相關。我們根本不會想在法律上反映個人傾向。其實，法律更接近工程學。我們之所以把法律說成工程，並相信它已經脫離了個人傾向的層次，是因為我們並不認為法律只適用於個人，還能適用於個人關係和社會集團領域。

有趣的是，強調法律的羅馬人，實際上對人不太關心。他們甚至根本不關心人。他們一直關注著外部環境。

人們說，人的心理是個人的，政治是脫離個人的，但其實個人聚在一起，就形成了社會。在王朝體制或身份制度社會，以個人為中心的政治是沒有意義的。然而，民主制度是以個人為中心的體系。被選出的民意代表也是個人，但如果我們把代表當成個人，他就會有被指控為只追求個人利益的風險，因此才不斷開展出「沒有個人，只有集體才存在」的理論。由於這種邏輯，在這個社會中很難根據人類的心理或需求制定法律。它通常是出於某種政治勢力的需要、模糊的正當性，或為特定集團的利益而建立

因為這樣，國會雖然努力制定法律，但是它是否真正為國民服務卻值得懷疑。這種懷疑被認為是政治攻防問題，即使在制定真正需要的法律時也是如此。但所有這些問題都是不考慮人類的細膩感情，而認為只要制定「法律和制度」就一定可行的錯誤想法所造成的。

國家安全的真面目

首爾江南曾經懸掛著巨大的橫幅布條。

「國家安全將由我們新世界黨負責。」

自由韓國黨的前身——新世界黨，在國家安全問題上氣勢洶洶，但是每當他們提出

國家安全問題時，我就覺得奇怪。刺激北韓、讓他們威脅南韓，這種行為是自由韓國黨比較常做，還是民主黨比較常做？眾所周知，就是自由韓國黨。這是多麼諷刺的事？讓北韓發射導彈威脅南韓，這叫負責國家安全的行為嗎？不讓北韓這樣做，才是負責國家安全的行為吧？我們必須提出這樣的問題。特別是，民主黨應該這樣反問自由韓國黨。

「你們是想互相槍擊，發射導彈、開戰嗎？」

那麼自由韓國黨會怎麼說呢？當然不能輕易回答開戰，只是說要應對而已。那麼，從美國購買戰鬥機和導彈及部署薩德反導彈系統是用來應對的嗎？自由韓國黨不管採取怎樣的應對措施，就是做不到預防戰爭發生這一點。刺激北韓和引進武器只會製造不必要的不安。但是，我卻沒有看到在野黨方面對執政黨嚴厲地批評：「為什麼做這種不負責任的事情？」

媒體一直誇大在休戰線上向北韓廣播似乎具有多大的效果。但實際聽到對北韓廣播時，就只能聽到「咣咣咣咣」的聲音。在北韓地區的開城，什麼話都聽不見。如果想說對北韓廣播有效，就應該拿出證據，但是他們所說的證據就是「脫北者是聽到對北韓廣播後才脫北的」。但是，百分之九十以上的脫北者生活在咸鏡北道和咸鏡南道[8]。這樣真的可以說說他們受到了在休戰線播放的對北韓廣播的影響嗎？

說實話，一般人即使對此感到懷疑，還是很難將之指出來。那麼，政治家也應該說出來，但我認為在野黨政治家在這方面過於不負責任。有關北韓的議題應該由外交統一委員會、國防委員會的國會議員們來進行討論，但是我幾乎沒有看到他們明確指出對北韓統一政策或與其關聯的各種騙術。

朴槿惠政府的欺騙術之一就是國防產業腐敗。國防產業腐敗最嚴重的軍種是陸軍，其次是空軍。但是，朴槿惠政府卻只打擊了國軍貪腐案最少、而且是想貪卻也沒得貪的海軍。根本沒有提到極度腐敗而且規模最大的陸軍和空軍。最具代表性的例子是，政府曾經承諾為士兵們提供單人床，但在過去十年裡，國軍投入了六兆八千億韓元[9]。但是，現在使用單人床的士兵比率只有五成至六成，因此，今後還需要三至四兆韓元的預算。

據說，如果把為士兵建造個人軍營宿舍所需的額外費用除以現在的軍人人數，平均每個人還需要六十萬韓元的預算。然而，陸軍現在要求的預算內容，向每位士兵供應單

8 譯註：這些地區為離兩韓分界線最遠的北韓地區，反而鄰近中國大陸和俄羅斯。
9 譯註：約一千七百億新臺幣。

人房、平均每人超過六十萬韓元，卻沒有提到建造個人軍營宿舍時所需的額外費用。在這樣的情況下，中央口口聲聲要剷除國防產業腐敗，卻莫名其妙地打擊海軍，弄得一團糟，可是沒有人站出來指出這個問題。

到目前為止，他們收到的所有錢都放進了誰的口袋裡？愈是主張提高與北韓的緊張關係，購買更多的武器並補充兵力，就愈是會增加現在掌握權力的人可以侵吞的東西。大韓民國軍人現在沒有開戰的能力。戰時作戰指揮權也不在我們這裡。在自己國家的土地上連軍事作戰都不能展開的軍隊，是在準備什麼戰爭？

更何況，好端端的青年入伍後，會突然被說成是不適應軍隊的人，或者被貼上精神病患者愛闖禍的標籤，哪個國家有這樣的奇怪現象？另外，自殺率為什麼那麼高？不向軍隊指揮官指出這一點，也很奇怪。

即便如此，自由韓國黨一到選舉時節就會提出國家安全問題。此時，我很好奇在野黨方面的政治家，為查明自由韓國黨的這種虛偽和欺詐行為做了多少努力。

上屆總統選舉的代表性話題之一是北方限界線（NLL: Northern Limit Line）。這真是個喜劇性話題，但是從來沒有人再積極談論這點。現在我國好好地捍衛北方限界線，但是金武星和李貞鉉出來大肆宣傳「盧武鉉把北方限界線奉獻給北韓」，鬧得一團糟。

當自由韓國黨大聲咆嘯時，國民以為事情真的如此。此時，在野黨政治家中，誰都沒有站出來做出強烈反應，這到底是什麼概念？可能因為他們認為國民不會相信，所以才沒有做出回應。當國家安全議題稱為熱門議題時，由於文在寅的父親是失鄉民[10]的關係，而受到攻擊，說他與北韓更有關連。然而，盧武鉉因他的岳父在韓戰時期做過左翼活動，被言論攻擊問責說他該如何解決之後，則立即予以反駁：

「你現在是說，要我拋棄老婆嗎？」

這麼一說，對方就不會再攻擊。北方限界線也是同樣的。相較來看，此時在野黨的反應真是令人遺憾。

自由韓國黨製造出來的框架對大眾來說具有相當強的說服力，而且很容易被接受。因為他們很會拿安全議題製作成有說服力的框架。我不知道這是否就意味著他們非常瞭解大眾的心理而誆騙，還是他們即使不瞭解大眾的心理，還是擅長欺騙，反正他們善於應對。從上屆大選時的廣告來看，民主黨的水準比自由韓國黨差一些。人們通常傾向於讓人知道自己想要相信的東西，而不是通過說服來改變他人的想法。

10 譯註：即韓戰難民。

自由韓國黨在本屆大選中肯定會提出國家安全問題。在野黨是否有戰略能堂堂正正地應對他們的攻擊，這一點令人懷疑。如果有的話，那就萬幸，但如果沒有的話，現在就是該煩惱和以前不同戰略的時候了。

第五章　政治是結婚

真正瞭解自己的欲望

如果遇到即將結婚的年輕人，我就會問：

「你為什麼要和他（她）結婚呢？」

然後，十之八九的人會以「你幹麼問這麼理所當然的事？」的表情這樣回答：

「就因為我喜歡他（她）啊。」

我不會隨隨便便跳過這題，而會更進一步地問：

「那麼，他（她）哪一點讓你那麼喜歡呢？」

對此，還是有八九成的人帶著著「你現在想跟我吵架嗎？」的表情回答：

「因為他（她）個性很好。」

「因為跟他（她）很有話聊。」

「因為我們彼此喜歡的電影類型一模一樣。志趣相投。」

他們究竟會維持多久的婚姻生活呢？我從來沒見過這麼說話的人能維持長久的婚姻。即使能維持婚姻生活，他們充其量就只是住在同個空間裡、卻像處在不同世界裡的人們一樣生活。

反倒是，人們如果能夠明確地表達自己的欲望，我就會覺得他們「婚姻生活應該還算過得去」。

「我覺得那個人有能力，至少不會讓我餓肚子。」

「因為那個人家的錢很多呢。」

「因為那個人長得很帥。」

明確表達自己的欲望，即使以後改變欲望，或者按照邊際效益遞減法則，無法如意地滿足欲望，那麼至少還知道自己對什麼滿意，而不會有太大的失望。相反，如果欲望不明確，就不會有對那個人滿意的瞬間，所以會對一切都感到失望。

「對配偶沒有期待」這句話，意味著「沒有好好想過自己真正要的是什麼」。從未真正想過自己的欲望，卻對別人說「你從來沒有滿足過我」，這不是太自私了嗎？

「真正瞭解自己的欲望」對維持婚姻生活有決定性影響，但許多人在擇偶時往往被「差不多還可以」的標準所左右。

「不是真正的有錢人，但日子差不多還混得下去。」

「不是長得很帥，但還可以看。」

「個性大致上還可以。」

因此，當很多人說到「差不多還可以」時，再詳細詢問他選擇的理由，就不好回答了。如果斤斤計較的話，就會產生懷疑或否定愛情的感覺，所以大家都不願意說。但是什麼都被差不多的標準所左右，一旦結婚，一切都會變得不滿足。錢、性格、外貌都確實不是很好，當然很難滿足自己真正需要的欲望。隨著抱怨的增加，漸漸地就會轉變成「如果有其他選擇的機會，應該會更好」的心理。

結婚和總統選舉

一個人結婚後表現出的特性和國民選擇總統後表現出的特性大同小異。選擇配偶和選出總統時都是同樣的心理在作用。

如果我問起為什麼選擇某個特定候選人、為什麼支持他，大部分人都會這樣回答：

「因為看來看去也就那個候選人感覺最好。」

我問人們覺得什麼是最好的時，人們會突然成用一種「什麼？你說什麼？」的臉，話風突變地說：「你一看不就知道了！」如果我說這不甚清楚，請您清楚答覆的話，人們就會說出諸如：「我對他的選舉政見滿意」、「他具有領導能力」、「他是個看起來無私和清廉的人」等等這些人們自己心目中總統的「條件」。

「好吧。那麼您認為那位候選人能實現您想要的嗎？」

最後，當我問這個問題時，十之八九會保持沉默，因為人們從來沒有想過這個問題。這個問題可以改成這樣：

「當那位候選人當選總統時，您想滿足的欲望是什麼？」

我之所以不斷詢問欲望的原因是，我覺得我們總是被「看起來好像最好」的總統所欺騙，就像「大體上還可以」的婚姻留下後悔一樣。至少，如果自己不想感到上當受騙的感覺，就不應該根據別人定義總統的傳統條件來選出總統。像一般所說的那樣，和長得好、個性好、有錢的「不錯的配偶」結婚，真的會幸福嗎？難道我的幸福能用別人說「還不錯」的條件滿足嗎？同樣地，如果符合別人說的總統的條件，就會成為好總統嗎？對別人來說「最好」的總統，就絕對不可能成為對我來說「最差」的總統嗎？

有人用幾種義務性的行為準則來說明總統的領導能力。

「沒有私心地為國家利益工作的人、即使犧牲自己，在任何情況下都保護國民的人、與不義鬥爭的人。」

是個煞有其事，好像滿有道理的準則。作為總統的確必須要遵守這樣的準則吧。但是總統也是人，所以是無法完全做到那樣子的。那麼，總統應該放棄總統的角色，還是應該制定自己擅長的行動準則呢？正確的答案是，應該制定自己的行為準則，並以此發揮總統角色的作用。問題是，至今為止的大韓民國總統，從未有制定過自己的行為準則、成為優秀、成功總統的人。為什麼會那樣呢？

單看朴槿惠本人，她也說自己沒有私心，只為國民犧牲自己地工作。所謂「親朴」集團也是這麼相信的。但是國民最終要求她無私地為國民犧牲自己的總統身分下臺，而罷免了她。當百分之九十五的國民要求她下臺時，她和她支持者們揮舞著太極旗，與希望彈劾她的「不義」集團進行鬥爭，甚至要求發動軍事政變。所謂無私地為國民犧牲，怎麼會被運用得如此不同，而且還有人接受呢？

在總統選舉和結婚中有同樣的心理在作用。這一點，是從十五年前開始分析韓國人的心理至今，我所主張的內容。但是，沒有人傾聽我的這種主張。之後，李明博和朴槿惠時期也強調過我這樣的主張，但還是沒有人聽。韓國國民在與總統離婚的過程中付出了巨大的代價。雖然已經支付了非常巨額的精神賠償費，以後卻還要繼續支付，現在就是這種局面。

這樣結婚的會上當受騙，這樣選擇的會上當受騙

政治家在國民面前經常說這種話：

「我會以純潔乾淨的心態從政！」

這真的可能嗎？純潔乾淨的心，就等於是說要喝露水過日子。只不過是一個凡人政治家，能做得到嗎？說這些話的政治家無異於自己說「我是騙子」。但說不定那位政治

家會這樣反駁：

「那我該用骯髒的心態去做事嗎？」

不管是以骯髒的心來做事，還是以乾淨的心做事，那都不重要。人生在世難免會變得骯髒。我們被弄髒時通常做什麼？自然會洗乾淨。但是，卻很難找到願意承認自己有骯髒之處，並試著將其清洗乾淨的政治家。

如果想要俯仰無愧地生活，入山隱居斬斷塵世緣最快了。然而，即使生活在山裡，也要殺死野獸或摘果子吃，實在很難有俯仰無愧的生活。真正要想變得乾淨，我們別無選擇，只能悄悄地離開人世。事實真相就是如此。

向政治家要求乾淨的政治，這和要求他作為神而不是人類活著是相同的。這只是出於「乾淨的政治家就是好政治家」的傳統觀念而提出的荒唐的要求。這個觀念不僅欺騙了政治家，還欺騙了我們自己。在我們社會看不到「乾淨的政治」的原因，與其說是因為政治家沒出息，不如說是因為我們給了他們不可能完成的任務，並基於錯誤的期待和傳統觀念，誤信這般要求是可以實現的。

人可以對別人裝得很乾淨，實際上卻不能真正做到很乾淨。眾所周知，我們的肚子裡已經裝滿相當多的髒東西。每天都要好好地排泄，才能健康地活下去，但是如果為了淨化世界而把髒東西繼續留在肚子裡的話，就會死亡。這就是人類本來的面貌。

我們要選擇的不是乾淨的人，而是承認自己有骯髒之處，努力讓自己乾淨的人。但是政治家經常怎麼說？

「我從來沒有追求一點私利，我只為國家而活。」

這可以算是理智的話嗎？說不定這個人甚至連他自己是乾淨還是骯髒的都無法分辨出來。這種人能做的事情只有說謊或否認自己所做的事情。

與其原封不動地相信政治家的話，不如先懷疑，再衡量人類的本性，我們多少可以鑑別出少說謊的人和少欺詐的人。如果因為盲目地支持而失去辨別力，很多人會抱有奇怪的期待，選出一個人而後後悔，這種情況多不勝數。

如果真的相信戀愛時男友說的「我的愛永遠不會變」，那就等於自己已經做好了上當的準備。我覺得相信這句話而結婚的人，應該已經百分之百上當受騙。難道只是因為一心想結婚，所以男朋友騙了我嗎？這當然有可能，但說這句話的當下也許是真心的也說不定。妳就相信男朋友是真的愛過妳，且自己也不會改變的這種心。但是人是種什樣的存在？就是連自己的心都不甚瞭解的存在，更有甚者，是不斷變化的存在。沒有正確把握人的屬性，上當受騙的人也是有錯的。

相信政治家所說的「無私心」的人，應該反思自己不具備辨別力。相信男友「我不會改變」這句話的人，也要反思自己對人缺乏反省。顯然，上當受騙的人也有錯。如今的韓國情況，選擇朴槿惠為總統的我們也有錯。我們明知她的為人，卻還上當受騙，因此更丟人。我們為何這麼容易上當受騙呢？所以我再次提問。那麼接下來該怎麼辦才能做對選擇呢？

面對欲望

總統選舉後，對總統的期待和滿意度急劇下跌，支持率也下降，這與結婚後「短暫的蜜月期」一結束，對配偶迅速失望的心理狀態相似。

結婚後經過兩、三年，人們開始問自己：

「我真的選對了嗎？如果還有其他選擇機會，或者坐時光機回到過去，我還會和這個人結婚嗎？」

因為結婚生活中出現種種問題而想要找我做心理諮詢的人，他們的共同「苦衷」是，配偶的態度與結婚前一百八十度大轉彎。比如，因對方個性開朗而與他結婚，但後來發現配偶原來有躁鬱症，一年有一半的時間都是以情緒低落的「鬱期」模式生活，或者也有因為對方個性大方而且大膽所以與其結婚，婚後對方卻一天到晚發脾氣等情況。

為什麼在成為總統之前，看起來會為國民獻身、犧牲、負責的那個人，成為了總統後會改變呢？那個人實際上是一個具有獻身精神、犧牲精神和責任感的人嗎？是不是為了成為總統而裝出一副「那種」模樣呢？

戀愛時的男女關係和婚後的男女關係，「關係模式」本身就不一樣。因為開始新的關係，所以連基本設定都會改變。在這種新的關係中，以前所知的魅力要素很有可能不再有效。戀愛時期，「短時間的見面約會」時所不知道的對方某種面貌，在結婚後「兩人每天相處磨合」的期間，會原封不動地暴露出來。當初我們並非知道那個人的一切之後才結婚的。如果將那個人的部分誤認為是一切，那麼結婚很可能以災難告終。不然的話，就是一輩子都要過地獄般的生活。

當「總統候選人」成為「總統」時，我們與總統建立關係的方式也是如此。總統候選人為了看起來符合人們常說的、擁有「當總統資質」，而不斷努力。但是一旦成為總統，就沒有必要繼續那樣。候選人在呼籲大家投自己一票的時候，選民是甲方，候選人是乙方。相反，如果候選人得到選票成為總統後，候選人就會變成甲方中的甲方，就是「超級甲方」。在韓國這樣熟悉甲乙關係文化的社會裡，平時以「超級乙方」生活的人，如果掌握著強大的權力，就會變成「超級甲方」，這是理所當然之事。之所以將這個變化單純地歸納為人品或資質問題，是因為當初對關係狀態本身缺乏省察。與其盲目地責怪總統，更重要的是看穿人的本性與關係的屬性。

結婚的時候，大部分人通常會像「情人眼裡出西施」那樣，被愛情蒙住雙眼。一旦蒙住雙眼，什麼都會看不見。此時，對方的真正面貌和缺點根本不是被關注的對象。對總統候選人的盲目支持也是如此。人們在總統候選人身上投射了自己心目中理想的總統形象，而不願看到總統候選人的缺點和讓人感到憂慮的點。不願知道真相，甚至害怕真相。那麼，如此選出總統並與他相處兩、三年後，會有什麼變化呢？只不過下個雨也會去怪那個人。想要停止盲目的選擇，就要睜大眼睛想想自己想要的是什麼。然後，從總統候選人們中，挑選能夠實現我的願望的人。

在煩惱該選誰的時候，最應該考慮的是自己想要什麼，也就是「我的欲望」。無條件地說某人行、某人不行，這樣就困難了。

大部分人不願意面對自己的欲望。當我說：「說說你（妳）的想法。」人們通常會轉身避開。我們在前面說要培育創意人才，但我們從小到大的成長過程裡，我們的社會是，如果真的說出自己的想法，別人就會在後面說：「他（她）在說什麼啊？」、「不應該這樣想。」因此，我們害怕被指責，所以不知不覺習慣把嘴巴拉上拉鍊過活。我們的社會被「不要凡事愛出風頭、不要愛計較」的氛圍支配著。因此，只要沒受到批評的話，就會覺得「啊，我在過平安順利的生活」，從而感到安慰。這等於是害怕受到懲罰和威脅，在扼殺欲望的情況下生活。隱藏自己的欲望，按照社會和周圍的要求乖順地生活，如此，就像中世紀的奴隸一樣。

最可怕的傢伙

當你（妳）有想要的東西時該怎麼辦？必須用語言來表達。如果對方馬上答應，那是最好不過了。但如果對方不答應，就說到答應為止。你（妳）知道最可怕的人是誰嗎？是一直堅持到滿足自己需求的人。在養孩子的時候，最可怕的孩子就是會死纏著父母、直到父母滿足自己需求為止的那種。最可怕的人類是，自己想要的事情實現之前，把自己的欲望一直訴說到底的人。

相反地，奴隸是怎麼樣呢？奴隸即使有自己的需求也不說。因為奴隸被教育過不能那樣做。從小被教育成阻止自己說出自己想要什麼，於是自然而然就會產生「奴性」。我們接受了幾十年的這種教育，它仍在進行中。

為什麼要阻止我表現自己的想法呢？像我說了某些話後得到的回應，就不是「說得好」，而是「胡說八道」。不管有沒有道理，給予說話的機會是應該的。這就是我們最基本的言論自由。當有人說的話被別人責罵胡說八道時，我們不會去問：「為什麼那是胡說八道？」這是因為我們大家都處於奴隸心理狀態的緣故。

在總統候選人中，文在寅的支持率最高。那麼，我們想透過他來滿足什麼樣的欲望呢？面對好幾個候選人，您是在表達自己的欲望，還是在談論人性或品德？您要的人是善良的好人嗎？那真是件可怕的事情。因為朴槿惠也是善良的好人。她可惜的，不過是因為聽了崔順實說的話而出了問題呀。

您在總統候選人文在寅身上投射的自己的欲望是什麼？我們來自我表達一下吧。當我要求說出自己的欲望時，很有趣地，就會有人這麼說：

「如果表達出我的欲望，他就會聽我的話嗎？即便說到我的欲望，他也不會按照我的要求去做的。」

現在是老鼠在擔心貓嗎？人們沒有明確表達自己向總統候選人文在寅所投射的欲

望，卻希望他能成為時時刻刻撫慰國民、照顧國民，很會與國民溝通的總統。連父母都不瞭解自己的孩子，總統如何把握國民的心？連父母都做不到的事情，怎麼能向總統要求呢？

無論選出誰，即便選出來的是李明博、朴槿惠、川普等人，您都必須確切地知道自己想要什麼。然後，必須明確地要求他們。那個人的品德、能力、過去的驗證結果，導致我們只相信自己想相信的東西。美國前總統歐巴馬在告別演說中，說了這樣的話：

「各位讓我成為更好的總統。」

下任總統任期結束時，您想不想聽到這句話？我是真的很想聽到。那樣的日子會朝向著我們來到嗎？如果希望那樣的話，我們一起創造吧。

杜絕獨裁者之道

有人向我傾訴了很長的苦惱：

「博士，您讓我繼續自問自己所想的欲望、說夢想什麼樣的國家，怎樣生活。我希望的是一個常識暢通的國家，但我所想的常識和目前我國的常識似乎太不一樣了，所以很苦惱。人們一邊罵著金淇春或禹柄宇，另一邊自己卻也想要登上他們待過的位置。我所認為的常識也許只是教科書式的東西，像是幫助困難群眾，恪守信義，不亂扔垃圾的水準。我在韓國所謂『優秀公司』的合作企業當職員工作，那家『優秀公司』的職員當中，不遵守這種常識的人比看起來擁有這種常識的人多更多。例如，他們會為了多吃一個麵包或牛奶，而對公司提供的福利提出不滿。每當韓國上班族中，進入排名前百分之十的人表現出如此醜陋的樣子時，我就會想到『常識暢通的國家並不是很具體的欲望』。我認為，將常識放在『常識的位置』是首要的，而常識暢通的國家只不過單純是我的夢想而已。還有一點，責罵『愛朴會』或者辱罵只選擇1號的人，大部分只會大喊著2號就是正確答案[1]。當我告訴這些朋友你的舉止與（因只選擇1號）被你批評的令

1 譯註：二〇〇八至二〇一六年間，韓國保守派執政黨是國會議席最多的第一大黨，因此大部分選舉時選舉候選人與政黨號次排列於1號，而民主黨是國會第二大黨，選舉候選人與政黨政黨號次則排列於2號。本書中所說的1號是指當時韓國保守派執政黨，2號是指民主黨。此外，大韓民國公職選舉法第一百五十條第五項，明示關於排列選舉候選人與政黨號次的規定：一、在國會擁有議席的政黨或經該政黨推薦的候選人之間的選舉候選人與政黨號次，依照候選人登記截止日期在國會擁有議席數排列。但是，如果擁有相同議席數的政黨數為兩個以上時，則根據最近舉行的比例代表國會議員選舉中得票數排列；二、候選人登記截止日期沒有在國會擁有議席的政黨或經該政黨推薦的候選人之間的選舉候選人與政黨號次，依照該政黨名稱的韓文字母順序排列；三、無黨籍候選人之間的排名順序由管轄選區選舉管理委員會抽籤決定。

堂沒有什麼不同時，他就會生氣地說：『你是要跟我吵架嗎？』那我這樣問：『你熱烈支持的那位候選人為什麼必須要當總統？他在什麼方面有所不同？』這時，他就會有這樣答覆：『總比李明博或朴槿惠更好吧。』接著，我又問『哪個方面更好？』他又會說：『你是要跟我吵架嗎？』最終很難與朋友們進行對話，甚至與自稱對政治感興趣的人也無法好好地建立對話。」

這是完全可以理解的想法。實際上，現在大韓民國國民對於暴露自己的欲望感到負擔。取而代之的是人們只說著「我是對的，你是錯的」，並把自己的欲望緊緊地包裹起來。

「你（妳）真正想要的是什麼？你（妳）的欲望是什麼？」

回答這個問題，就是我們杜絕另一個獨裁者的最好方法。但是很少人知道這一點。

我在探索韓國人心理過程中的發現，其中之一就是一九九〇年代以後，韓國人在心理上變得更加疲累。最大的理由是，由於一九八八年首爾奧運，身為韓國人的自豪感更加高漲，而且產生了「大韓民國是真正富裕的國家」這個信念。說到這裡還沒有很大的問題，但令人惋惜是，這種自豪和信心還產生了「除了我之外，大家都過得很好！」的心態。與此同時，人們覺得自己付出的努力沒有比別人少，但隨之產生「為什麼只有我？」的心態，而變得惶恐不安，不知道以後要怎麼生活。

如果生活變得混亂，人們自身所相信的正確答案就會變得多種多樣。此時，唯一共同的答案就是「如果能賺更多錢的話……」的這種信念。從那時起，人們並不會想知道自己所相信的是不是正確答案，這種情況叫做心理上的「瘋子狀態」。在這種情況下，人們不想知道，也不會讓人知道自己是什麼樣的人。因為看到自己真實的一面會非常痛苦。所以出現的現象是，只要相信一個比自己看起來更煞有其事、看起來更優秀的對象的話，那個對象就彷彿會解決自己的問題一樣。典型的現象就是去教會找耶穌或者去寺廟找佛陀。

這個國家之所以陸陸續續建造出輝煌的宗教設施的理由，就在於此。但是，在過去的十年裡，宗教界也發生了明顯的變化。人們不再期待教會或寺廟能解決自己的問題。伴隨而來的是，人們連最偉大的人也不相信的這種現象變得明顯，在選擇政界人物時也是如此。李明博總統和朴槿惠時期也發生過同樣的事情。

我們都希望有一個常識通暢的社會，可惜每個人的常識都不一樣。唯一的共同答案就是「錢」。當把這種遺憾轉化為社會話題時，我們就各自表露出各式各樣的想法和欲望。比方說，我們在罵政治家的同時也羨慕著政治家，認為他們可以得到自己想要的。

會形成這種社會的原因就是因為我們每個人的心情就都是如此。

聽到這些話心裡會不舒服吧？我非常能夠理解。但我們需要承認這種事實，這樣才能將我們的社會形塑成更好的樣子。如果那不是別人能做的，而是自己就能做的話，這不是很有吸引力嗎？也許您會想問這個問題：

「我能如何呢？那是辦得到的嗎？那樣也可以嗎？」

完全有可能。就如同我就是我人生的主人，國家的主權是來自於國民的。但也有更多人會問：「雖然說是那麼回事，但那該怎麼做呢？」這時我就反而會提問：

「您所想的是什麼？」

首先只要回顧自己想要的東西的話，就會發生驚人的變化。最重要的是，可以意識到目前為止自己並不知道自己想要的是什麼。對於我們社會發生的問題，也可以適用同樣的解決方法。人們常說：

「那不是我的問題。我有什麼力量？」

啊，這到底是什麼話呢？這個國家的權力來自人民，我們每個人都有力量。在選擇領導人時，如果不想再次回到過去的模式，就不應該放棄這種明確的認識。

不是只有你一個人才有無力感

有人這樣問我：

「現在大韓民國國民在政治上面臨和一九九七年亞洲金融風暴一樣的情況。在爆發經濟危機時，通過結構調整或募款運動克服了經濟危機，但克服政治性危機卻非常困難。該怎麼辦才好呢？」

這是一個非常好的提問。現在大韓民國國民受到的衝擊來自於心理上的恐慌。因為國民已經超出對政治領導人的失望，籠罩在背叛感和受騙的感覺中。

我們克服這種狀況最好的方法，是把自己的混亂和好奇告訴人們，並進行足夠的對話。這是一種參與心理治療的過程。

人類雖然是非理性的存在，但卻會以自己的方式去追求自身的合理性、滿足欲望。因為我沒有必要為掙飯吃而擔心，所以曾經想過不要對在貪圖權力的政界指手畫腳、提出意見，就這樣湊合著過日子。我也曾想過，即便我向政界發言，又會有什麼特別的變化呢？實際上，當我分析總統並讓人們知道時，卻也沒什麼太大改變。所以當時本來只打算一邊做自己想做的事情，一邊過活；但再仔細想一想，發現人生沒有那麼漫長，焉能閉著眼睛、閉著嘴巴生活？

當您覺得「這個不對！絕對不應該這樣」的時候，卻還袖手旁觀，那就是一大罪過。贖過去的罪且不再犯的唯一方法，就是不要坐視不管，要高喊「不」。知道自己是犯了什麼罪的人，多少會感到有些無力。就像到現在為止，我毫不在乎地混日子，但如今已到了不能再這樣下去的地步了。

我們各有各的無力感。即使到了現在，仍必須要擺脫掉這些無力感。也許到廣場上手裡握著蠟燭的人們會有這樣的想法：

「原來不只是我一個人感受到無力呀。」

在確認這件事的瞬間，我們會表現內心感受，並找到擺脫無力感的方法。雖然每個人不同，但生活中總會有「因為我缺少這些部分，所以我做不到這些」的想法。這時候可以選擇無奈地半途而廢，但是也會有人有不同的想法：

「我的確有不足之處，但在下雨的時候，我就非得不淋雨完美地走完全程嗎？淋點雨又怎麼樣？也可能不會得感冒的嘛。淋點雨也不會死的。」

只要明確知道我想要的是什麼，無論發生什麼情況，都可以把它當作獲得前進力量的契機。一言以蔽之，它可以成為脫胎換骨的機會。我們必須要歷經一場蛻變，這是成為新人類的過程。請敞開心扉，充分交談。趁這個機會經常表現出自己吧。

不要沒事把自己的欲望包裝得很優雅

人只相信自己想相信的、聽自己想聽的。所以，首先要明確知道自己想要相信什麼。不要通過某個人的過濾或包裝，而是要誠實面對自己的欲望。

大選候選人不能明確表明自己立場，原因是口是心非。他們想在表面上展現出色而且充滿正義感的樣子，其實他們很清楚自己有偏執貪欲之處。

我看執政黨大選候選人乾脆明確表明自己的立場吧。他們雖然沒有什麼特別的，但就明確表明自己很貪心吧。從某種意義上說，這才更老實。人們往往錯認「真實」。在自我的欲望和貪心的面前誠實地行動，就是真實。李貞鉉是非常真實的代表性人物。恐怕他是在大韓民國最真實的人。沒有比像他這樣對自己欲望如此真實的人更可怕的存在。

然而，如果把欲望隱藏在後面或想用其他東西包裝的話，總是會適得其反。如果不想造成如此結果的話，就必須擁有真正迫切或滿足自己欲望的超人般的渴望。所以我說：不要沒事把自己的欲望包裝得很優雅，請誠實面對您的欲望是什麼吧。」

很多人對李在明感興趣的原因是因為自己覺得很冤枉。他們覺得很委屈，但李在明卻說會替他們把他們所受到的冤屈痛打一頓，所以才說：「好，我給你一票。」而雖然文在寅人很好，但他好像不會替我去戰鬥，因此才苦惱不斷；文在寅若無一定方向，敷衍了事，會讓人覺得白白給了他一票，而更加感到委屈。必須明確承認這種心情。例如，當文在寅說：「我會消除過去九年間的積弊。」這時，有些人便會這樣嘟囔：

「過去四年積弊都沒有解決的人，怎麼消除過去九年的積弊？」

如果心中有這樣的想法，當然會覺得：「他現在是在說什麼呀」吧。在上屆總統大選時，人們一方面說：「朴槿惠絕對不可能當總統」，另一方面又說：「無條件選文在寅！不不不，應該無條件選安哲秀！」因而造成意見分歧。如果當時人們認真討論「朴槿惠不會像李明博那樣欺詐？能否實現朴正熙神話？」那結果會怎麼樣？也許人們早就可以看出那是不是真的可以實現的欲望了。然而，當時人們沒有說出可以實現的欲望，卻被「信賴和約定的標誌」和「國民幸福」這兩個詞所迷惑，不然就是沒任何理由地反對朴槿惠，導致現在我們靈魂也變得不正常

我們向政治家投射的欲望至少接近於本來的「我們自己」。尋找自己本來的樣子就

是正視欲望。即使是現在，也請仔細正視一下我為什麼希望我支持的人成為總統。在為時已晚之前，希望大家能和那些表現出類似欲望的人討論「我對那個人投射的欲望是什麼，是否能實現它？」或「如果實現它，是否真能創造我想要的生活、社會、世界？」之類的話題。

我在不情願的情況下辭去教授職務，之後，我後悔沒能忠實於自己所欲望的過去。那時就湧上了遺憾：如果我想讓這個社會、這個國家或整個世界變得更美好，早就該積極與大眾分享研究結果，並進行溝通。我對這樣的自己感到不滿；我一直安逸地認為：「我的確做了與眾不同的研究，即使不努力告訴大家，人們也會知道的。」

通常我們在大學裡把教授擔任職務這種事情包裝成「奉獻」。但說到實際情況，教授們會為了滿足自己的欲望，展開激烈的政治鬥爭。我以為那種事與我無關，只要自己清高地不陷入泥淖就可以了。但看看結果如何？那完全是我最大的敗筆。

大學即使面對外部壓力或危機，也保障終身雇用教授的地位，這是大學為了保障教授學術自由所制定的崇高原則和不成文規定。但是，根據我的經驗，在大韓民國自詡為名牌大學的校長之認知，也只是忠實於他自己的欲望而已。我親身經歷了卸任後仍想佔據一席之地的校長的欲望，使名牌大學淪落為私人企業的現實。

如果把自己的欲望隱藏在後面或裝作沒有，最終這種欲望會被擁有更強烈欲望的人或集團所無視。請明確表達您的欲望。當您支持自己的欲望時，才能更清楚地確認自己的存在。

第六章　成爲主人的政治

我們是否真的覺悟了呢

如果我們歷屆的政治領導人展現我們所期待的樣子，不，展現我們所期待樣子的一半就好，這個國家是不是會比現在更好呢？說不定我們在生活中也會感到更多的滿足和幸福呢。

但是想想父母和子女之間，父母很難像子女所期待的那樣好。同樣的道理，我們有必要思考期待政治領導人意味著什麼；那真的可以期待嗎？我想，如果不想再失望，那我們就不應該停留在單純地支持或期待的水準，而是應該好好監督，讓他做得更好，不是嗎？

以朴槿惠為例，很多人對她保持盲目的、巨大的期待，所以沒有人想努力瞭解她。雖然我提出了研究成果，但沒有任何一個人關心。但是，回顧當時的情況，即使當時人們瞭解她，也好像還是會投票給朴槿惠。我們應該慎重思考一下那個心情。

我也不知道誰會當下一任總統。但有一點我們必須明確知道的是，無論誰當選總統，那位總統不可能自己做好所有事情。總之，選擇權屬於我們，因此應該認真考慮誰會做得好，然後再進行投票。其次，如果自己期待的人當選總統，就要再次激烈地追究那位總統是否有做好，並提出疑問，要求他把事情做好。這就是國家主權者的責任和義務。

討論，要做就好好做

怎樣才能讓我們更瞭解特定的個人呢？例如，對於李在明和文在寅，不要說「這個人有瑕疵，所以參加正式選戰的話競爭力會下降」、「這個人沒有擴展性，所以進入正式選戰的話，就沒有競爭力」之類的話，而應該讓候選人們針對自己能代表國民多少的能力來進行戰鬥。也就是說，他們應該要有機會公開進行認真的辯論，而且辯論時間不應只是十到二十分鐘，而是至少需要一到兩個小時。

世上最有趣的風景就是打架。我們觀看候選人們激烈討論自己能做多少事情的過程，也會是相當有意思的事情。

「你看，你現在這個問題怎麼解決？你說要消除積弊，怎麼消除？你做過嗎？」

「你說你在福利方面取得了成功，但是把錢分給大家，是連朴槿惠也做過的事。這樣就可以解決問題嗎？」

當候選人被問到這個問題時，您將能活生生地觀察候選人如何回答這些問題。無論候選人基於什麼哲學講話，或只是複述好像是別人寫的顯而易見的內容，但只要把他們的激烈辯論在網路上直播，每天一個小時，人們對這件事的關注程度就會增加。即便本來不感興趣的人看了也覺得有趣，而本來感興趣的人看的話會更有趣。

如果沒有安排這種場合的話，有沒有競爭力，何必爭論？這不是不可能或多困難的事情。如果他們不這樣做，國民就可以繼續對他們發出「你們也想像朴槿惠那樣欺騙國民！」的訊息。

現在我們要問以下問題：

「怎樣才能在下一場的爭奪中取勝？我們要戰鬥的敵人是誰？」

如果民主黨人只會爭執候選人該是李在明還是文在寅，那只能說「令人心寒」。如果不經過事前激烈的討論，等到各黨選定候選人後，再讓各黨選定的候選人聚在一起進行辯論，他們也只會說想當然爾的話。雖然這令人鬱悶得要發瘋，但是如果您是沒辦法了才隨便投票給特定候選人，比起遵守約定，他（她）只會做出更荒唐的事情。

不要到那時候才說果然是詐騙，而要說「既然你答應這樣做，為什麼改變了？如果有我不知道的事情，請告訴我。為什麼你要突然改變？」我認為，無論是誰，去洗手間前後的心情應該是不同的。因為是人，所以我並不覺得這種有所不同的面貌本身不好，但我們仍應當指出他違背自己口中說出的承諾的部分。

傻瓜，問題是提問

最近政治話題盛行，我們該以什麼樣的姿態看待政治比較好呢？如果在談某種話題時，那個人已經認定了答案，那麼我認為那是「評論家的態度」。因為當您把某件事情直接定義成「這只是噪音行銷[1]」的瞬間，就會覺得不再需要去瞭解它。北方限界線[2]的故事也是如此。如果說出「我們的北方限界線已經交給北韓了」這句話，無論是前後情況還是怎樣，我們都會毫無疑問地把這句話認定為正確答案。如果正確答案已經確定，我們就不會試圖找出我們真正感受到的危機或恐懼心理的真面目是什麼，而自然而然地覺得我沒有什麼事情特別要做。

您還需要試想一下「應當好好投票」這句話。到底怎麼做才是好好投票呢？不管三七二十一地投票，就是好好投票嗎？這不過是另一種騙術。我說的就是，五十多歲的人因為好好投票，導致朴槿惠當選總統了。當時在野黨就主張應該不分青紅皂白地投票。但是沒有指出問題是什麼，就盲目地要求投票，真是令人無言。

我們必須質疑和提問為什麼要如此？問題出在哪裡？當談到北方限界線時，也得問到底問題是什麼。

「如果說已經把北方限界線交給北韓了，那麼現在北方限界線消失了，北韓的軍艦都能南下了嗎？」

只要問到這個程度，就會發現事實不是那樣，但是人們卻什麼都不提問。如果想擺

---

1 譯註：原文為노이즈 마케팅 (Noise marketing，又稱「喧嘩行銷」)，原本指企業為了某個產品，故意製造各種話題，甚至不惜負面操作，以此引起消費者的好奇心，在最短時間之內提高產品的最大認知度。

2 譯註：韓國、北韓兩國靠近三十八度線的海域分界。

脫評論家的態度，在出現任何話題時，提出自己的主張或想法的同時，也要確認「當時問了什麼問題？」這就是一個很好的標準，可以來判斷你是評論家的態度，還是真正想知道什麼問題才加以確認。

當有人以評論家的態度，認真做B級評論時，我會先好好地聽完他的評論，然後問：「您剛才說了什麼？」這樣的話，那個人就會混亂，或說出與自己所說的內容不符的話。在電視節目中殺死評論家的最好方法就是假裝聽，然後再問：「但是您剛才說了什麼？我不太明白，您能再講解一次嗎？」於是乎，有的評論家就會驚惶失措。

人們大多基於某種正當性說話。那種強調正當性的人也是從評論家的態度來說話的。如果為了確認其正當性是否屬實，只要反過來問「為什麼不能那樣做」，對於評論家來說想當然爾只會感到困惑。和評論家談話時，最好不要拿書本上就有的訊息跟知識，而是拿他講過的東西來問。

引起紛亂的那個人就是英雄

當我們看到報紙和電視新聞報導政府政策時，我們大多不會對它做出判斷。只會想著「原來發生這種事呀」、「哪裡的資金流動被切斷啦」、「又給哪裡錢了呀」、「決定要蓋這樣的建築物呀」，這種程度而已。讓國民做出判斷的新聞也只不過是在說「誰是好人」或「誰是壞人」而已。

人們常說，國民意識要成熟，但我認為更有必要建立讓國民準確地瞭解我們問題的機制。因為我反而認為大韓民國國民太聰明而且太優秀，這才是問題。

聰明的人為了不吃虧或不服輸，追求短期利益，迅速行動。從長期來看，雖然是走向滅亡的道路，但如果覺得短期內好像可以獲利，還是會採取行動。一言以蔽之：在朝三暮四中受騙。

那麼不在朝三暮四中受騙的方法是什麼？不要一個人思考，而應該是幾個人一起討論事情。韓國人犯罪中最多的就是「詐騙」。起訴詐騙的比率幾乎是日本和美國的十倍以上。也就是說，以同人口比率做對比，起訴和告發案件多達十倍以上。

韓國為什麼發生那麼多詐騙事件呢？聰明的人為什麼遭遇到這麼多詐欺呢？遭遇詐騙的人最大的特徵就是如此：

「這個很好，要不要試一試？」

「真的好嗎？」

「非常好。所以，只讓你一個人知道，不要告訴別人。」

聽到這些話後，就真的不問問周圍的人了。即使跟周圍的人說了，只要對方說了不好的話，就再也不會和說那種話的人見面了。

「你是因為嫉妒才這樣說的吧？因為你不懂才這樣！」

韓國國民遭受了大大小小的欺詐。現在我們不需要「國民要更加成熟」的這種答案。媒體經常會把答案定下來，在報導的結尾這麼說「現在是需要更加成熟的國民意識的時候」。

到底怎樣做才能更成熟呢？這不過是騙局。媒體和政治家就像騙子一樣，把一枚硬幣放入三個杯子其中之一，然後快速的交換著杯子的位置，再叫我們猜猜硬幣在什麼地方。

我們要問：「問題是什麼？」我們必須質疑我們所相信的傳統觀念，來得到洞察力。問題在於，我們社會不接受有人說要給予人們洞察力，還會將其視為在這個岌岌可危的政局下，蠻不在乎地扔石頭、引起風波的問題兒童。總之，這個社會認為在安靜的組織裡引起紛爭才是問題所在。

然而，讓組織變得熱鬧並引起紛爭的人，就是改變組織的英雄。只要有了這樣的邏輯或信念，在那個社會中就會產生進一步發展的能量。

「待在原地不要動！」

這句話至今仍讓我們心痛。世越號上穿著救生衣靜靜待在船艙裡的學生並沒有罪。把他們教育成那樣聽話的孩子的大人，他們的錯誤才更大。我們所受的教育有可能瞬間殺死我們。

這就是我們所遭遇到的問題。聽說在慶州發生地震時，孩子們要躲避，老師卻命令他們安靜地坐著學習。為什麼不教孩子這樣子提問呢？

「不對呀，現在讀書怎麼讀得下去？」

在上學的時候，如果這樣問老師，就會被老師唸或受到懲罰。我們嘴巴上雖然說著「人性化的世界，更幸福的世界」，但我懷疑我們是不是正在建立一個無法變得幸福的世界。

我們一直認為理所當然的那些事情和所謂的正確答案，或許就是問題所在。如果能多賺點錢，或出現英雄般的人，還是說極端保守的人消失，或親北勢力消失，或北韓的金正恩死亡的話，這個國家真的會好起來嗎？不要再上當受騙了。無論是金日成死亡，還是金正日死亡，都與以前一樣。自詡為經濟總統的李明博時期，我們都成為富翁了嗎？

期待英雄登場是殖民地教育和軍事政權的遺產。如果我說出這樣的話，很多人就會說不再期待英雄之類的東西，但這其實很難保證做得到。那是一件非常困難的事情，我們必須像打預防針一樣，不斷進行對話和辯論，並保持清醒。不一定要是政治話題，對於今後如何生活或我應該為了什麼而生活，也請您不斷進行對話和辯論。

名為「同質性」的強迫症

不管在哪個組織或是集會裡，我們都受盡了強迫症的折磨，要求成員必須要有同質性。所以拋出團體無法共享的疑問或是問題的時候，就無法產生共鳴，而因此成為邊緣人。甚至該團體會開始系統性地將所謂不純物質給抽出來。

從進化論的角度來看，若只有同質性強烈的生命體聚集的話，那個集團就會邁向死亡。然而我們卻覺得追求同質性的東西才能好好地生活。釜山的人們常常會說「我們走別人也跟著走」、「撐不下去的話，大家一起去跳影島大橋吧」這樣的話。不過愈是這樣，那個社區就愈走向死亡。

當然，要我們接受異質性的東西，心裡肯定會不舒服。然而，那是我們必須視作我們本就該支付的代價，並且忍受它。

有趣的是，人類即便是處在同質性高的人們所聚集的團體裡，在那裡面也會再次產生「將不純物質抽取出來」的事實。人們總想著不斷地向著最純粹的某個東西走去。如果有某個人說出追求百分之百純粹的這種話，難道我們不覺得「這個人是在詐欺吧」？實際上，政治人物如果出來說些什麼百分之百純粹的云云，他在詐騙的可能性就很高。最常夥同政治人物、一起掀動純粹和正義的集團，就是檢察體系。必須為了正義而工作的他們，主張的正義卻是「從強人立場所看的」正義。

之後，只要他們一邊說著些抽象的語詞，一邊表示「我是為了什麼什麼而工作」或是「我是為了什麼什麼而生」的話，我就一定會問：

「具體上，在做怎樣的行動的時候，你才會讓人看到這種樣子呢？」

在韓國人的心理，判斷是與非的基準，是相當有趣的。和我親近的就是對的，而與我距離較遠，或是對我來說CP值低的事物，就是壞的。這個是在韓國人內在運作的，最具代表性的心理。

我們也可以看出，韓國人和美國人在理解與掌握這個世界的方式之間有所差異。美國人不管是誰，在談論「什麼是對與錯」的時候，都可以提到法律；而韓國人則是在主張什麼是對與錯的同時，會推出法律的卻都是已經獲得權力，或是本就是既得利益者的人們。因為他們會利用法律來當作防衛自己的武器。非既得利益者和那些受到冤屈的人們，他們的情緒大爆發的原因也在這裡。

像這樣判斷是非的基準是隨著社會和文化而有所不同的，所以我們必須先對那個基準有共鳴，才能夠做出判斷。會說「法律無條件是正確的」，就是那些可以利用所謂的法來追求自身利益的人們才使用的話語。

在一間公司裡，若是有個職員做了什麼不正當的勾當被發現的話，公司可能會很有條理地辭退他。為什麼會這樣呢？首先就是，有很多貪腐共犯。接下來，也是最關鍵的一點，就是主管貪贓枉法之事，他都知道得一清二楚。以主管的立場來說，他可以感覺到自己的不良行為暴露出來的時候所要付出的代價，比起該職員的貪腐還大了許多。在那種時候，有條理地將該職員辭退，是更為便宜的一種方法。

那麼，在我們社會裡，追求正義的時候，什麼是最便宜的方法呢？每個人的想法都有很大的不同吧？從考慮韓國人心理狀態的角度來看，我首先想要先確認：我們所相信的「正義」在各個議題上，是怎麼樣表現的？這個意思是說，關於一些會變成問題或是爭論的議題，我們要再次探問，我們所相信的正義是什麼。我們必須確認，所謂正義，是有力量的人所主張的，還是說，是由弱勢的人所主張的。而所謂最便宜的代價，就是有力量的人追求自己想要的正義的時候，相反，最昂貴的代價，就是無力量的人追求自己想要的正義的時候。正義，會隨著「有力／無力」這種清楚的資本主義法則，作用在我們韓國社會裡。

更有趣的是，在我們社會裡問到「誰來支付這些代價」和「該付出多高的代價」是完全不同的問題。不管正義如何定義，在這個社會裡要支付這些代價的往往是沒有力量的弱勢。到目前為止，一直是這樣過來的。認為自己是庶民的大多數人，相信名為「絕對善」的正義，且渴望它的原因就在這裡。這種信念愈強，正義就離無力的人愈遠，這就是韓國社會的代表性特徵。

當政治無法攻頂時

我們在無法明瞭自己的欲望是什麼的同時，便會盲目地支持自己喜歡的人。若是那個人被選中了，我們會說「我知道他行的」，但若是那個人沒有被選中的話，我們就乾脆兩手一攤說：「我繼續關注這個世界幹麼呢？」這樣看來，就算自己支持的人被選中了，也不會有什麼變化。因為那個人只會忙於自己想做的事、忙於滿足自己流氓般的欲望而已。

現在有許多人想念、仰慕盧武鉉，但我們有絕不能忘的事情。我指的是在盧武鉉時期，大韓民國國民可是走在路上，遇上突如其來的陣雨也會說「這都是盧武鉉的錯！」的這種心態。他去世之後人們說著「沒能守護您，抱歉」的時候，我也覺得很抱歉。並不是說我也有想要守護他的心，而是因為「我們看的到你急切地想要做好事情的態度，但為什麼自掘了墳墓呢？」這種惋惜的心態，又會重新油然而生。

當時有很多人聊到「因為它周圍沒有有能力的人」、「他的幕僚沒有好好為他做些什麼」等等。事實上，能否選好幕僚也是代表本人的能力。有部分政治人物會說，下次我會好好選擇有能力、值得擔任幕僚的人。但通常這時候我都會覺得，這次是不是又要遇上另一個詐欺案了。

我曾經深刻地探討什麼是敗壞國家的行為。自己喜歡的人當了總統之後，我們通常都認為因為我瞭解他，所以都深信他能夠做得很好。相反地，自己討厭的人當上了總統之後，就會覺得「這個國家已經完蛋了」，並陷在這種想法裡，變成只關注一般吃喝拉撒的領域。這個，就是敗壞國家的行為。

在選出政治領導人的時候，應該脫離喜惡，去探究「希望這個國家能有什麼強大興盛」、「我所期待的變化是什麼」、「在活下去的過程中最重要的東西是什麼」。能在民生上面用心，或至少我不對其他事情太講究，只把焦點放在認真替民眾做事之上，那麼就是那位政治人物有做好政治的意思。

選出可以努力達成那些事的人，就是選出好的領導者的方法。有些人可能會這樣問：

「那麼是說，我應該要把能將我利益最大化的人，選出來做領導者嗎？」

這是當然的呀。地球上根本就沒有辦法選擇能犧牲自己利益、成就他人利益的政治家。你問為什麼嗎？因為那不是人類能夠做出來的事情。選擇政治領導人的時候，我們必須以人類最自然的行動為基礎來做選擇。也就是說，要先想到：誰能把我的利益極大化。沒有必要用一些恢弘的什麼國家啦、社會啦、邏輯的思考啦，來包裝這一切。

那麼我們來假設，好像有個人能將我的利益極大化而支持他，最終他也當上了總統吧。

「哇！這下那個瞭解我們的人，會替我們好好做事啦！」

這是不可能的。總統也是人，也會努力把自己的利益極大化。這種時候，國民即便拿不到槍砲子彈，也應該拿起家中的平底鍋，不，有錐子也可以。拿著這些東西持續地刺激那個人：

「為什麼你不履行自己的承諾！」

持續讓那個人看到我們所關注的事，讓他知道如果沒有實踐自己的承諾，使之變成問題，我們仍會刺激他，他才會以原本我們所支持的樣子去行動。這就是我們形塑真正希望的政治領導者的路。

我支持的人輸了選戰的時候也是一樣。不應該就這樣放棄，而是要繼續探究被選中之人，有沒有使用我繳的稅金好好地管理國家。不管是什麼樣的方式，明白地表露自己的意見，是國民的權利，也是義務。

因為某個人優秀、經歷很完美、有偉大的功績而支持他，那意味著我們是站在奴隸的觀點上。國家的主人，很清楚地，就是國民，而總統只是拿著國民的稅金當作月薪的從業人員而已。該從業員是否有好好的工作，我們應該睜大眼睛好好地看著。

結語　選舉是開始

我希望，不管誰當選下任總統，他能夠成為成功的總統。希望他是能創造我們所希望的世界的總統。但令人惋惜的是，不管選擇誰當下任總統，可以看到比盧武鉉、李明博，甚至朴槿惠的時期更好景象的可能性不大。

但也不能因此而放棄。我是以「至少不要比現在差」的心態寫了這本書

我們的欲望造就了總統。人物是不會改變的。只不過我們對於那個人物的欲望會時時刻刻塑造出不同的面貌。我們的欲望塑造的總統就像配偶一樣，對我的生活產生了直接而深刻的影響。我所希冀的那個人，把我想要滿足的欲望投射出去的形象，就成了總統。

因此，絕對不能覺得選誰都好。

一個人能做的事情是有限的。即使選出了誰，還要繼續要求他「實現我的欲望」，如此，他也就不能公然地違背我們的願望。只要我們選出來的人不做出違背我們的事，就可以認為我們在選舉中成功了一半以上。

人們總是問這樣的問題：

「如果總統的性情好，能成事嗎？」

「如果總統有脾氣，行不行？」

「如果總統有不承擔責任、逃避東逃避西的傾向，也可以做好嗎？」

「該不會其實做好政治與這種傾向沒有關係？」

身為選民，我們不應該以「下次選擇什麼樣的人，這個國家才會變好」為基礎，而應該以「我想要透過那個人實現什麼」為基礎來考慮候選人。只要明確知道自己的欲望，無論選擇誰，都可以順利地選擇到滿足自己欲望的人。相反，在不知道我們的欲望是什麼的情況下，肯定會選擇看起來好像很優秀而且很像樣的人。在這種情況下，我們百分之百會被那個人欺騙的。

如果相信政治領導人會像神一樣遵守當初的承諾，那就是完美的錯覺。我們應該問：

「當時做了這樣的承諾，為什麼你改變心意了？」

那麼，那位領導可能這麼說：

「當時我不太清楚這些部分，所以就那麼說了，但位置和立場一變，看情況的眼光和方向也發生了變化。」

「哦，真的嗎？但是你當時為什麼說那樣的話？是單純地想要得到選票，還是你認為國民想要的更符合那個要求？」

在此，如果那位領導說「我是想要得到多一點票才那樣說的。託你們的福，我嘗到了點甜頭」，我們就可以傾洩出一碗公的國罵，然後說「我不會再次支持像你（妳）這樣的人！」並把它當成反面教材就可以了。相反地，如果那位領導說「當時我認為，為了國家和民族那樣做是對的，但是我在這個位子上，知道事實並非如此，所以改變了心意」，那我們就有必要再繼續關注了。

「會哭的孩子有糖吃」的心理法則在任何領域都行得通。除非您從不表示哪裡不舒服或想要改變什麼，那麼它就不會改變。因此，您必須積極地參與政治。人們相信參加燭光集會，所有的問題都會迎刃而解，但參加燭光集會是最基本的事情。下一步才是大家聚在一起討論，反覆思索變好的方法，才能改變。

最重要的是，我們自己要拋出「想要滿足什麼樣的欲望」這個問題。盲目相信某人會實現我的欲望，是用奴隸的心理去洗腦自己。

當我們不再是奴隸，而是以主人的姿態生活的時候，無論我們的問題是什麼，不管我想要被滿足的欲望是什麼，在明確地認知並表現出來的時候，大韓民國就會改變。

Beyond

16

世界的啟迪

當好總統變成壞總統

좋은 대통령이 나쁜 대통령 된다

作者	黃相旻（황상민）
譯者	朴炳培
校訂	林金賢
執行長	陳蕙慧
總編輯	張惠菁
責任編輯	盛浩偉
行銷總監	陳雅雯
行銷企劃	尹子麟、余一霞、張宜倩
封面設計	兒日
內頁排版	宸遠彩藝
社長	郭重興
發行人兼出版總監	曾大福
出版	衛城出版／遠足文化事業股份有限公司
發行	遠足文化事業股份有限公司
地址	23141 新北市新店區民權路 108-2 號九樓
電話	02-22181417
傳真	02-22180727
法律顧問	華洋法律事務所 蘇文生律師
印刷	呈靖彩藝有限公司
初版	2020 年 11 月
定價	350 元

歡迎團體訂購，另有優惠，請洽 02-22181417，分機 1124、1135

ACRO POLIS
衛城出版

Email acropolismde@gmail.com
Facebook www.facebook.com/acrolispublish

國家圖書館出版品預行編目(CIP)資料

當好總統變成壞總統 / 黃相旻(황상민)作；朴炳培譯. -- 初版. -- 新北市：衛城出版：遠足文化發行, 2020.11
面；公分. --（Beyond 16）
譯自：좋은 대통령이 나쁜 대통령 된다

ISBN 978-986-99381-2-9（平裝）

1. 政治心理學 2.元首 3.韓國

570.14 109014046

● 親愛的讀者你好，非常感謝你購買衛城出版品。
我們非常需要你的意見，請於回函中告訴我們你對此書的意見，
我們會針對你的意見加強改進。

若不方便郵寄回函，歡迎傳真回函給我們。傳真電話—— 02-2218-0727

或上網搜尋「衛城出版FACEBOOK」
http://www.facebook.com/acropolispublish

● 讀者資料

你的性別是 □ 男性 □ 女性 □ 其他

你的職業是 ____________________ 你的最高學歷是 ____________________

年齡 □ 20 歲以下 □ 21-30 歲 □ 31-40 歲 □ 41-50 歲 □ 51-60 歲 □ 61 歲以上

若你願意留下 e-mail，我們將優先寄送____________________衛城出版相關活動訊息與優惠活動

● 購書資料

● 請問你是從哪裡得知本書出版訊息？（可複選）
□ 實體書店 □ 網路書店 □ 報紙 □ 電視 □ 網路 □ 廣播 □ 雜誌 □ 朋友介紹
□ 參加講座活動 □ 其他 __________

● 是在哪裡購買的呢？（單選）
□ 實體連鎖書店 □ 網路書店 □ 獨立書店 □ 傳統書店 □ 團購 □ 其他 __________

● 讓你燃起購買慾的主要原因是？（可複選）
□ 對此類主題感興趣
□ 覺得書籍設計好美，看起來好有質感！
□ 議題好熱，好像很多人都在看，我也想知道裡面在寫什麼
□ 其他 __________
□ 參加講座後，覺得好像不賴
□ 價格優惠吸引我
□ 其實我沒有買書啦！這是送（借）的

● 如果你覺得這本書還不錯，那它的優點是？（可複選）
□ 內容主題具參考價值 □ 文筆流暢 □ 書籍整體設計優美 □ 價格實在 □ 其他 __________

● 如果你覺得這本書讓你好失望，請務必告訴我們它的缺點（可複選）
□ 內容與想像中不符 □ 文筆不流暢 □ 印刷品質差 □ 版面設計影響閱讀 □ 價格偏高 □ 其他 ________

● 大都經由哪些管道得到書籍出版訊息？（可複選）
□ 實體書店 □ 網路書店 □ 報紙 □ 電視 □ 網路 □ 廣播 □ 親友介紹 □ 圖書館 □ 其他 ______

● 習慣購書的地方是？（可複選）
□ 實體連鎖書店 □ 網路書店 □ 獨立書店 □ 傳統書店 □ 學校團購 □ 其他 __________

● 如果你發現書中錯字或是內文有任何需要改進之處，請不吝給我們指教，我們將於再版時更正錯誤

____
____
____
____
____

請沿虛線剪下

廣　　告　　回　　信
臺灣北區郵政管理局登記證
第　1　4　4　3　7　號

請直接投郵•郵資由本公司支付

23141
新北市新店區民權路108-2號9樓

衛城出版 收

● 請沿虛線對折裝訂後寄回，謝謝！

ACROPOLIS 衛城出版

Beyond

16

世界的啟迪